BIBLIOGRAPHISCHER DIENST STAAT UND RECHT

Herausgeber:
DEUTSCHES INSTITUT FÜR RECHTSWISSENSCHAFT
Potsdam-Babelsberg

Jahrgang 4/1958 — Heft 4
Juli/August

AKADEMIE-VERLAG · BERLIN

Inhaltsverzeichnis:

Auslieferungen:

Für das Gebiet der Deutschen Demokratischen Republik: LKG-Leipziger Kommissions- und Großbuchhandel, Leipzig C 1, Leninstraße 16

Für das Gebiet der Deutschen Bundesrepublik: KUNST UND WISSEN, Inh. Erich Bieber, Stuttgart N, Hospitalstraße 33a

Für das gesamte Ausland: Deutsche Buch-Export und -Import GmbH., Leipzig C 1, Postschließfach 276, oder Akademie-Verlag GmbH., Berlin W 8, Mohrenstraße 39

Bestellungen sind zu richten an eine Buchhandlung oder an die Post

---

Herausgeber und verantwortlich für den Inhalt: Der Direktor des Deutschen Instituts für Rechtswissenschaft. Verantwortliche Bearbeiter: Helmut Luft und Klaus Jäger, Potsdam-Babelsberg, Karl-Marx-Straße 2. Verlag: Akademie-Verlag GmbH., Berlin W 8, Mohrenstraße 39, Fernruf: 200386, Postscheckkonto: 35021. Bestell- und Verlags-Nr. dieses Heftes: 1049/4/4. Die Zeitschrift erscheint zweimonatlich. Bezugspreis für den Jahrgang einschließlich Register: DM 22,20; Einzelheft: DM 3,70. Veröffentlicht unter der generellen Druckgenehmigungs-Nr.: Ag 715/58 DDR. Gesamtherstellung: VEB Druckerei „Thomas Müntzer" Bad Langensalza

A. BIBLIOGRAPHIE AUS ZEITSCHRIFTEN DER DEUTSCHEN DEMOKRATISCHEN REPUBLIK, DER SOWJETUNION UND DER LÄNDER DER VOLKSDEMOKRATIE

Diese Bibliographie enthält eine Auswahl einschlägiger Artikel aus folgenden Zeitschriften: 1)

a) Deutschsprachige Zeitschriften

Ahdl.	= Der Außenhandel, Berlin	1958,H.7-10
Altertum	= Das Altertum, Berlin	1958,Bd 4,H.1
Arb.	= Die Arbeit, Berlin	1958,H.5-6
ArbR	= Arbeitsrecht, Zeitschrift für Theorie und Praxis, Berlin	1958,H.4-5
Aufb.	= Aufbau (Kulturpolitische Monatsschrift), Berlin	1958,H.4
A.u.S.	= Arbeit und Sozialfürsorge,Berlin	1958,H.7-10
Ber.Dt.Wirtsch.Inst.	= Berichte des Deutschen Wirtschaftsinstituts, Berlin	1958,H.7-10
ddz	= Dokumentation der Zeit, Berlin	1958,H.163-167
Dem.Aufb.	= Demokratischer Aufbau, Berlin	1958,H.8-11
Dem.u.R.	= Demokratie und Recht, Berlin	1958,H.2
DFW	= Deutsche Finanzwirtschaft, Berlin ...	1958,H.8-10
Dt.Auss.pol.	= Deutsche Außenpolitik, Berlin	1958,H.5
Dt.Zs.Philos.	= Deutsche Zeitschrift für Philosophie, Berlin	1958,H.1
Einh.	= Einheit, Berlin	1958,H.4
EuV	= Erfindungs- und Vorschlagswesen, Berlin	1958,H.4-5
Forum,Wiss.Beil.	= Wissenschaftliche Beilage des Forum, Berlin	1958,H.10-12 1958,H.14-25
Hdl.	= Der Handel, Berlin	1958,H.5
Hswesen	= Das Hochschulwesen, Berlin	1958,H.2-4
Jug.Heimerz.	= Jugendhilfe und Heimerziehung,Berlin	1958,H.4-5
Nat.	= Die Nation,Zeitschrift für Theorie und Praxis nationaler Politik, Berlin ...	1958,H.4
NJ	= Neue Justiz, Berlin	1958,H.8-11
N.Weg	= Neuer Weg, Berlin	1958,H.8-10
N.Zeit	= Neue Zeit, Moskau	1958,H.14-22
RID	= Rechtswissenschaftlicher Informationsdienst, Berlin	1958,H.9-11
Schöffe	= Der Schöffe, Berlin	1958,H.4-5

Schr.Dt.Vpol. = Schriftenreihe der Deutschen Volkspolizei Berlin 1958,H.21

Sov.Wiss.(GB) = Sowjetwissenschaft,Gesellschaftswiss. Beiträge, Berlin 1958,H.5

Soz.Vers. = Die Sozialversicherung, Berlin 1958,H.5

Stadt u.Gem. = Stadt und Gemeinde, Berlin 1958,H.4-5

Stat.Prax. = Statistische Praxis, Berlin 1958,H.4-5

St R = Staat und Recht, Berlin 1958,H.4

Vertr.Syst. = Vertragssystem, Berlin 1958,H.4

Vpol. = Die Volkspolizei, Berlin 1958,H.8-10

Weltb. = Die Weltbühne, Berlin 1958,H.13-23

WGBew. = Die Weltgewerkschaftsbewegung, Berlin 1958,H.4-5

Wirtsch.Wiss. = Wirtschaftswissenschaft, Berlin 1958,H.2

WZ Greifswald(GR)= Wissenschaftliche Zeitschrift d.Ernst-Moritz-Arndt-Universität, Greifswald. 1956/57,H.4

WZ Jena (GR) = Wissenschaftliche Zeitschrift der Friedrich-Schiller-Universität Jena (Ges. und Sprachwiss.R.), Jena 1957/58,H.1

b) Fremdsprachige Zeitschriften

Čas.pro mez.pr.= Časopis pro mezinárodni právo, Prag 1958,H.2

J.K. = Jogtudományi közlöny (Rechtswissenschaftliche Mitteilungen), Budapest . 1958,H.3-4

J.N. = Justitia Nouá (Neue Justiz), Bukarest 1958,H.2

Kommunist, Moskau 1958,H.5-7

Nová mysl (Neuer Geist), Prag 1958,H.4-5

Nowe Drogi (Neue Wege), Warschau 1958,H.4-5

N.P. = Nowe Prawo (Neues Recht), Warschau .. 1958,H.4

Palestra (Organ der Obersten Anwaltschaft), Warschau 1958,H.2-4

P.i P. = Państwo i prawo (Staat und Recht), Warschau 1958,H.3-4

Pr. = Právník (Der Jurist), Prag 1958,H.3-4

Probl.econ. = Probleme economice (Fragen der Ökonomie), Bukarest 1957,H.12

Pr.štúdie = Právnické štúdie (Juristische Dtudien), Bratislava 1958,H.1

Przegl.zach. = Przeglad Zachodni (Westliche Rundschau), Posen 1958,H.1

Soc.zák. = Socialistická zákonnost (Die sozialistische Gesetzlichkeit), Prag 1958,H.1-3

Soc.zak.(SSSR)= Sozialističeskaja zakonnost (Sozialistische Gesetzlichkeit), Moskau 1958,H.3

Sov.jus. = Sovetskaja justicija (Sowjetjustiz), Moskau 1957,H.8-10
1958,H.1-3

Soudce z lidu (Der Volksrichter),Prag 1958,H.3

Vopr.ekon.	= Voprosy ekonomiki (Fragen der Ökonomie), Moskau	1958,H.1-3
Vopr.fil.	= Voprosy filosofii (Fragen der Philosophie), Moskau	1958,H.3-4
Vopr.ist.	= Voprosy istorii (Fragen der Geschichte), Moskau	1958,H.2-4

1) Die hier aufgeführten Hefte sind gemäß der Benutzungsordnung der Bibliothek des Deutschen Instituts für Rechtswissenschaft bedingt ausleihfähig.

1.Marxismus-Leninismus [1]

Albrecht,E.: Zur weltanschaulich-geistigen Situation der Gegenwart. (WZ Greifswald, 1956/57, H.4,S.237-252)

Berezowski,M.: Die Kommunisten Indonesiens. (Nowe Drogi, 1958,H.4, S.118-125)

Brill,E.: Adenauer und die Sündenböcke. (Betr.CDU).(Weltb.,1958, H.20, S.609-614)

Brill,E.: Zum SPD-Parteitag: Rückblick und Vorschau. (Weltb.,1958, H.21, S.641-645)

Fedoseev,P.; I.Pomelov,V.Čeprakov(Fjedossjejew,P.;I.Pomjelow, W.Tschjeprakow): Über den Programmentwurf des Bundes der Kommunisten Jugoslawiens. (Kommunist,1958,H.6,S.16-39; Einh.,1958,H.4,(Beil.), S.1-31)

Gerasimov,I.G.; Jovo Eles (Gjerasimow,I.G.;Jowo Jeljes): Die Behandlung der Probleme des dialektischen Materialismus in Jugoslawien. (Vopr.fil.,1958,H.3, S.176-178)

Gladkov,I.: Die Verteidigung des Kapitalismus unter der Maske des demokratischen Sozialismus. (Vopr.ekon.,1958,H.1, S.66-78)

Gropp,R.O.: Die Grundfrage der Philosophie. (Forum,Wiss.Beil.,1958, H.21, S.1-4)

Gropp,R.O.: "Der dialektische Materialismus".(T.1.2).(Hswesen,1958, H.3,S.143-149; H.4, S.192-193)

Helbig,K.: Die historische Rolle der Arbeiterklasse.(Arb.,1958,H.6, S.48-55)

Jakušenko,L.T.; G.V.Punda(Jakuschjenko,L.T.): Gegen die Ideologie des modernen Revisionismus. (Vopr.fil.,1958,H.4, S.170-174)

Janzen: Das Wesen des dialektischen Materialismus.(Forum,Wiss.Beil., 1958,H.14, S.1-4)

1) Die nach der Fundstelle eines Artikels angegebenen Zahlen verweisen auf die Bedeutung dieses Artikels auch für andere Fachgebiete entsprechend der hier zugrundegelegten Systematik.

Janzen,N.: Der Klassenkampf in der Übergangsperiode vom Kapitalismus zum Sozialismus. (Arb.,1958,H.6, S.43-47)

Kaufman,A.S.: Über die Entstehung und Entwicklung des Industrieproletariats in Burma vor der Verkündung der Unabhängigkeit.(Vopr.ist., 1958,H.3, S.80-96)

Klein,D.: Marx'Werk "Das Kapital" und der Bankdirektor Kautsky jun. (Einh.,1958,H.4,S.519-526)

Klein,D.: "Das Kapital" und seine kapitalistischen Verfälscher. (Forum,Wiss.Beil.,1958, H.12, S.1-4)

Klein,M.; A.Kosing: Marxistische Philosophie und sozialistische Politik. (Dt.Zs.Philos.,1958,H.1, S.5-21)

Klohr,O.: Katholische Kirche kontra Freiheit der Wissenschaft.(Zur Enzyklika Humani generis). (Forum,Wiss.Beil.,1958,H.17, S.1-4)

Matern,H.: Die Arbeiterklasse muß den Revisionismus zerschlagen. (Arb.,1958,H.6, S.10-14)

Modržinskaja,E.D.(Modrhsinskaja,E.D.): Die Verteidigung des Kapitalismus unter dem Deckmantel des Sozialismus. (Vopr.fil.,1958,H.3, S.118-128)

Nehls,K.: Zum Problem des staatsmonopolistischen Kapitalismus. (Wirtsch.Wiss., 1958,H.2, S.256-269)

Ojzerman,T.(Ojsjerman,T.): Die umwälzende Kraft der philosophischen Lehre Marx'. (Kommunist,1958,H.7, S.56-68)

Ojzerman,T.I.(Ojsjerman,T.I.): Die Verfälschung der philosophischen Lehre von Marx vom Standpunkt des Irrationalismus.(Vopr.fil., 1958, H.3, S.40-50)

Oleščuk,F.(Oljeschtschuk,F.): Für eine konkrete wissenschaftlich-atheistische Propaganda. (Kommunist,1958,H.5, S.111-118)

Pollit,H.: Der Marxismus und die Arbeiterbewegung in Großbritannien. (Kommunist,1958,H.6, S.70-79)

Poršnev,B.F. (Porschnjew,B.F.): Zur Diskussion über das Problem der Entstehung der menschlichen Gesellschaft. (Vopr.ist.,1958,H.2, S.139-156)

Rubinstein,A.: Nochmals zum Entwurf des neuen Programms der Sozialistischen Partei Österreichs. (Vopr.ekon.,1958,H.3, S.129-140)

Scheler,H.: Kann man die Zukunft der Gesellschaft voraussehen? (Forum,Wiss.Beil.,1958, H.24, S.1-4)

Seleznjov,K.(Seleznjow,K.): Marx's Kampf um die Bestätigung der Prinzipien des proletarischen Internationalismus in der Arbeiterbewegung. (Kommunist,1958, H.7, S.41-55)

Šnejdárek,A.: Der deutsche Imperialismus in der gegenwärtigen kapitalistischen Welt. (Nová mysl,1958,H.4, S.329-341)

Söder,G.: Die westdeutschen Arbeiter brauchen eine wissenschaftliche Weltanschauung. (Arb.,1958,H.6, S.28-31)

Die reformistischen Bestrebungen in der SPD. (Eine Dokumentation). (ddz, 1958,H.164,S.31-37)

Stiehler,G.: Erläuterungen zum dialektischen Widerspruch.(Forum, Wiss.Beil.,1958,H.23, S.1-4)

Tscheprakow, W.: Der moderne Kapitalismus und Antimarxismus. (Sov.Wiss.(GB), 1958,H.5, S.536-558)

Valla,M.: Die neuen Programmthesen der brüderlichen KP Österreichs. (Nová mysl,1958, H.5, S.460-465)

2.Rechtswissenschaft (Aufgaben und Methoden)

Čchikvadse,V.(Tschchikwadsje,W.): Wichtige Fragen der sowjetischen Rechtswissenschaft. (Sov.jus.,1958,H.3, S.11-16)

3.Staats-und Rechtstheorie

Baranov,P.: Die Ideen Lenins über die revolutionäre Gesetzlichkeit wurden verwirklicht. (Sov.jus.,1957,H.9, S.11-16)

Bartuška,J.: Durch Festigung der sozialistischen Gesetzlichkeit zum erhöhten Schutz unserer Ordnung und der Errungenschaften des Volkes. (Soc.zák.,1958, H.1, S.1-25)

Dvořák,A.: Ein Beitrag zur Frage der Darstellung und Lösung der nationalen und demokratischen Revolution in der ČSR. (Pr.,1958,H.4, S.301-312)

Fedotenkov,N.: Über die Etappen der volksdemokratischen Revolution in Polen. (Vopr.ekon.,1958,H.1, S.57-65)

Gindev,P.: Der Einfluß der Großen Sozialistischen Oktoberrevolution auf die Entstehung der Diktatur des Proletariats in Bulgarien. (Pr.,1958, H.3, S.220-234)

Hübner,A.: Gedenkrede zum 40.Jahrestag der Großen Sozialistischen Oktoberrevolution. (WZ Jena (GR), 1957/58, H.1, S.1-7)

Kerimow,D.A.: Ein Triumpf der Sowjetdemokratie. (NJ,1958,H.8,S.274-276)

Kučera,E.: Bemerkungen zum Begriff der Staatsform. (Pr., 1958,H.3, S.205-220)

Lang,W.: Zu der rechtsgestaltenden Rolle der Entscheidungen des Obersten Gerichts.- Polemischer Artikel im Zusammenhang mit dem Artikel von Leon Łustaxz "Über die ausserkonstitutionellen Formen der rechtsschöpfenden Tätigkeit". (P.i P.,1958,H.4, S.666-670)

Piskotin,M.I.: Die Funktionen des Sowjetstaates in der gegenwärtigen Periode. (Sov.Wiss.(GB),1958,H.5, S.521-535)

Das Recht als Hebel im demokratischen Neuaufbau nach 1945.(Schöffe, 1958,H.5, S.156-161)

Šabad, B.(Schabad,B.): Der imperialistische Staat als Pseudovolksstaat. (Kommunist,1958, H.6, S.108-121)

Sobolewski,M.: Die Problematik des Naturrechts im Verfassungsrecht der Bundesrepublik. (P.i P.,1958,H.4, S.591-604) 7

Sultanov,K.: Die Rolle der Rechtsprechung bei der Festigung der sozialistischen Gesetzlichkeit muß gehoben werden. (Soc.zak.(SSSR), 1958, H.3, S.39-41)

Ulbricht,W.: Die Staatslehre des Marxismus-Leninismus und ihre Anwendung in Deutschland. (St R,1958,H.4, S.325-349)

Veverka,V.: Verteidigung der Kandidatenarbeit von Dr.J.Boguszak. "Die sozialistische Gesetzlichkeit bei der Schöpfung und Verwirklichung des tschechoslowakischen Rechts." (Pr.,1958, H.3,S.276-282)

Wiatr,J.: Die öffentliche Meinung in der sozialistischen Demokratie der Volksrepublik Polen. (P.i P.,1958, H.3, S.406-424)

4.Geschichte der Staats-und Rechtstheorie

Keine Eingänge

5.Staats-und Rechtsgeschichte

Al'perovic, M.S.(Alpjerowitsch,M.S.): Die Geschichte der Beziehungen zwischen Mexiko und den USA in der mexikanischen Geschichtsschreibung nach dem Kriege. (Vopr.ist.,1958,H.3, S.171-182)

Arutjunjan,Ju.V.: Die Rolle der amerikanischen Diplomatie bei der Vorbereitung der Münchener Konferenz im Jahre 1938.(Vopr.ist.,1958, H.2, S.76-95) 6

Bianchi,L.: Das Laienelement im Gerichtswesen der Vormünchener Republik. (Pr.študie,1958, H.1, S.115-163)

Čuvatin,A.(Tschuwatin,A.): Aus der Vergangenheit der Revolutiontribunale. (Sov.jus.,1958, H.2, S.30-32)

Derevjanko,P.;D.Proêktor(Djerjewjanko,P.;D.Projektor): Zur Frage des Charakters des zweiten Weltkrieges. (Kommunist,1958,H.5,S.73-86)

István,S.: Die Bildung der Ungarischen Räterepublik und die Räte. (J.K.,1958,H.3-4, S.73-80)

Kobosil,W.: Die Londoner Empfehlungen zur Spaltung Deutschlands. (ddz,1958, H.166, S.36-45)

Krasil'nikov,A.N.: Aus der Geschichte der Antisowjet-Politik der regierenden Kreise Englands (1929-1932). (Vopr.ist.,1958,H.4, S.78-99)

Levin,B.(Ljewin,B.): Die revolutionäre Rechtsetzung der werktätigen Massen Estlands in den Jahren 1917-1918. (Sov.jus.,1957,H.9, S.34-38)

Mai: Die ersten Friedensschritte der jungen Sowjetmacht. (WZ Greifswald, 1956/57, H.4, S.253-259)

Mazek,J.(Macjek,J.): Zur Diskussion über den Charakter der Reformation und des Bauernkrieges in Deutschland.(Vopr.ist.,1958,H.3, S.114-121)

Mel'nikov,D.E.(Mjelnikow,D.E.): Die Ursachen der militärischen Niederlage des faschistischen Deutschland und die westdeutschen Geschichtsfälscher. (Vopr.ist.,1958,H.3, S.152-163)

Michajlenko, P.: Die Vorgeschichte des Sowjetgerichts in der Ukraine. (Sov.jus.,1957, H.9, S.30-34)

Otamanovskij,V.D.(Otmanowskij,W.D.): Die Entwicklung der städtischen Ordnung in der Ukraine im 14.-18.Jahrhundert und das Magdeburger Stadtrecht. (Vopr.ist.,1958,H.3, S.122-135)

Petsch,W.: Die Frage des polnischen Zugangs zum Meere und das Prinzip der ethnographischen Grenze auf der Friedenskonferenz 1919 in Paris. (Przegl.zach.,1958,H.1, S.47-57)

Procházka,V.; K.Malý: Drei Vorträge ausländischer Fachleute über die slawische Rechtsgeschichte in Prag. (Pr.,1958,H.3,S.273-276)

Pronina,V.: Die Organisation und die Tätigkeit der ersten Gerichte der Russischen Föderation. (Sov.jus.,1957,H.9,S.27-30)

Reutov,G.N.(Rjeutow,G.N.): Aus der Geschichte der englischen Eroberung Zyperns. (Vopr.ist.,1958, H.3, S.136-151)

Rotocki,Z.: Das Modell der Besetzung Österreichs.(Przegl.zach.,1958, H.1, S.58-98)

Skazkin,S.D.: Die Grundprobleme der sogenannten "Zweiten Auflage der Leibeigenschaft" in Mittel- und Osteuropa. (Vopr.ist.,1958,H.2, S.96-119)

Stam,S.M.: Was war die Reformation in Deutschland in Wirklichkeit? (Vopr.ist.,1958, H.4, S.100-113)

Szonert,J.: Code Napoleon in Polen (150. Jahrestag).(Palestra,1958, H.3/4, S.89-93)

Tawrowskaja,G.M.: Die Schaffung der Koalition gegen Hitler. (Sov.Wiss.(GB), 1958,H.5, S.559-585)

Vietor, M.: Beitrag zur Geschichte des ungarischen Landtags in den Jahren 1865-1866. (Pr.štúdie, 1958, H.1, S.163-190)

Winter,E.: Die Luxemburger in der Ostpolitik der päpstlichen Kurie im 14.Jahrhundert. (WZ Jena (GR), 1957/58, H.1, S.81-87)

Zimin,A.A.(Simin,A.A.): Einige Fragen der Geschichte des Bauernkrieges in Rußland zu Beginn des 17.Jahrhunderts.(Vopr.ist.,1958,H.3, S.97-113)

6.Völkerrecht und Außenpolitik

Die westdeutsche Außenhandelsexpansion in britische Interessengebiete. (Ber.Dt.Wirtsch.Inst.,1958,H.10, S.16-18)

Aust,H.W.: 80 Millionen Araber streben nach Vereinigung. (Dt.Auss.pol.,1958,H.5, S.477-481)

Brill,E.: Politische Notizen und Reminiszenzen.(Betr.Aufrüstung). (Weltb.,1958, H.19, S.580-585)

Donner,B.: Die völkerrechtliche Stellung der Partisanen. (Cas.pro mez.pr.,1958,H.2, S.93-100)

Dumke,F.: Hintergründe der Regierungskrisen in einigen westeuropäischen NATO-Staaten. (Nat.,1958,H.4, S.225-251) 3,7

Engel,R.: Zweimal deutsche kulturelle Außenpolitik.(Dt.Auss.pol., 1958,H.5, S.457-462)

Zur "Europäischen Freihandelszone".(Ber.Dt.Wirtsch.Inst.,1958,H.8, S.11-14)

Die Gipfelkonferenz. (Stand der Vorbereitungen. Dokumentation). (ddz,1958, H.167, S.26-35)

Der Weg zum Gipfel. (Betr.Gipfelkonferenz).(Dt.Auss.pol.,1958,H.5, S.427-433)

Gollus,S.: Weltbank und Kapitalexport. (T.1.2.)(Ahdl.,1958,H.9, S. 326-327; H.10, S.360-362) 10

Handke,H.: Außenhandelspolitik und "Großraumwirtschaft" - gestern und heute (T.1.2.)(Ahdl.,1958,H.8, S.287-289; H.9,S.328-330)

Hertzfeldt,G.: Der Kampf um den Frieden und die Kräfte des Sozialismus. (Einh.,1958,H.4, S.471-483)

Hofmann,W.;L.Rüster: Erläuterungen zu den "Allgemeinen Bedingungen des RGW 1958".(Betr.Außenhandel der Teilnehmer des Rates für Gegenseitige Wirtschaftshilfe).(T.1-3)(Ahdl.,1958,H.7, S.259-261; H.8, S.286-297; H.10, S.365-366)

Jermaschow,I.: Kosmische Probleme und irdische Wirklichkeit.(N.Zeit, 1958, H.14, S.11-14)

Für eine friedliche Koexistenz gegen die Gefahr des Atomkrieges. (Kommunist,1958,H.6, S.3-10)

Korionow,W.: Der Kalte Krieg und der Geist der Zeit.(Betr.Gipfelkonferenz).(N.Zeit,1958, H.17, S.7-9)

Krasuski,J.;B.Wiewiora: Die Frage der polnisch-deutschen Grenze im Schriftwechsel zwischen den Regierungschefs der UdSSR, Großbritanniens und der Vereinigten Staaten. (Przegl.zach.,1958,H.1,S.99-104)

Miedziński,F.: Die Beziehungen zwischen Israel und der Deutschen Bundesrepublik. (Przegl.zach.,1958,H.1, S.104-112)

Mirski,G.: Die arabische Welt und Washington. (N.Zeit,1958,H.15, S.9-12)

Mrázek,I.: Die Revisionsklausel in internationalen Verträgen. (P.i P.,1958, H.4, S.605-619)

Mrázek,I.: Zu der Neuregelung der Privilegien und Immunitäten im Völkerrecht. (Pr.,1958,H.3, S.246-261)

Naszkowski,M.: Zur polnischen Initiative - analytisch.(Betr.Rapacki-Plan). (Nowe Drogi,1958,H.4, S.3-12)

Der aggressive Charakter der NATO.(Eine militärpolitische Umschau). (Einh.,1958,H.4, S.551-568)

Observator: Neue Horizonte.(Betr. Rat für Gegenseitige Wirtschaftshilfe). (N.Zeit,1958,H.22,S.3-5)

Pokštefl,J.: Atomkrieg oder Frieden? (Nová mysl, 1958,H.5, S.391-403)

Der Rapacki-Plan als eines der wichtigsten politischen Ereignisse im Jahre 1957. (Przegl.zach.,1958,H.1, S.139-144)

Reintanz,G.: Kampf den Atomkriegern! (NJ,1958, H.8, S.272-274)

Šabad,B.A.(Schabad,B.A.): Die Entstellung des Wesens der Kolonialpolitik des Imperialismus in der gegenwärtigen bürgerlichen Geschichtsschreibung. (Vopr.ist.,1958,H.2, S.157-170)

Sachmatow,M.: Die staatsmonopolistischen Methoden der Außenhandelsexpansion der amerikanischen Monopole.(Sov.Wiss.(GB),1958,H.5, S.586-598)

Sagladin,W.: Bilanz eines Kolonialkrieges.(Betr.Algerien).(N.Zeit, 1958,H.13, S.8-12)

Sagladin,W.: 14 Jahre Benelux. (N.Zeit,1958,H.14, S.15-18)

Sagladin,W.: Zur politischen Lage in Frankreich.(N.Zeit, 1958, H.22, S.5-9)

Schaposchnitschenko,P.: Die Krise in der Westeuropäischen Union. (Dt.Auss.pol.,1958,H.5, S.434-446)

Schelhorn,W.: Union von Burma. (Nat.,1958,H.4, S.252-263)

Sotow,B.;I.Swmjonow: Was ist der Rat für gegenseitige Wirtschaftshilfe? (N.Zeit,1958,H.21, S.27-29)

Tschen-Ming,H.;D.Ssö-Ping: Der Außenhandel des neuen China.(Ahdl., 1958, H.7, S.251-253)

Uhlig, H.: Die internationale Aktivität der ČSR. (Dt.Auss.pol.,1958, H.5, S.462-468)

Ullrich,K.: Zum Bankenabkommen DDR - Argentinien. (Ahdl.,1958,H.7, S.246-248) 10

Villain,J.: Die Hintergründe im Nahen Osten. (T.2.3.)(Weltb.,1958, H.13,S.404-408; H.15, S.468-471)

Villain,J.: Wendepunkt Tanger. (Betr.Nordafrika). (Weltb.,1958,H.20, S.614-618)

Villain,J.: Die Generäle wollen Krieg.(Betr.Tunesien).(Weltb.,1958, H.23, S.705-710)

Wagner,H.: Die Ergänzungen der "Allgemeinen Bedingungen des RGW 1958" für den Handelsverkehr mit der UdSSR.(Ahdl.,1958,H.8,S.297-299)

Wheeler,G.: Der ökonomische Zyklus in den USA und die Koexistenz. (Dt.Auss.pol.,1958,H.5, S.447-456)

Zahn,L.: Kapitalexport in der Sackgasse.(Betr.Kolonialismus). (T.1.2.) (DFW,1958,H.9, S.128-129; H.10, S.162-163)

7.Staatsrecht

Abdel Azim Anis: Die Vereinigte Arabische Republik.(Dt.Auss.pol.,1958, H.5, S.474-476)

Arutjunow,R.: Die Vereinigte Arabische Republik.(N.Zeit,1958,H.16, S.16-18)

Bonner Bundestag beschließt Atomaufrüstung. (ddz,1958, H.166,S.25-33)

Benjamin,H.: Die dialektische Einheit von Gesetzlichkeit und Parteilichkeit durchsetzen.(Demokratischer Zentralismus).(Dem.Aufb.,1958, H.10,S.232-235; NJ,1958,H.11,S.365-368)

Bertrand,P.: Ein Musterbeispiel "freier"Wahlen.(Betr.Frankreich). (Weltb.,1958, H.15, S.455-458)

Über die atomare Bewaffnung der Bundeswehr.(Nowe Drogi, 1958,H.5, S.113-121)

Dahl,S.: Der Rechtsstaat. (Vpol.,1958,H.9, S.6-7)

Ferrand,G.: Pariser Brief. (Betr.Frankreich). (Weltb.,1958, H.13, S.397-401)

Ferrand,G.: Die Krise der Vierten Republik. (Weltb.,1958,H.14,S.432-436)

Gerschberg,S.R.: Lenins Kampf für den demokratischen Zentralismus im wirtschaftlichen Aufbau.(Vopr.ist.,1957,H.3, S.53-71; deutsch: RID,1958,H.9, Sp.257-277)

Grenier,F.: Frankreich im Frühling 1958. (Betr.Algerien).(Nowe Drogi, 1958, H.5, S.102-112)

Gromov,L.: Wähleraufträge für Volksrichter.(Sov.jus.,1958, H.2, S. 11-14)

Hossinger,K.: Verwirklichung des Gesetzes - Motor der sozialistischen Entwicklung.(Betr.Ges.ü.d.Vereinf.und Vervollkommn.d.Staatsapparates).(Dem.Aufb.,1958,H.9, S.206-208)

Kirin,V.: Die Gesetzgebungstätigkeit des Obersten Sowjets der UdSSR in der vierten Einberufungsperiode. (Soc.zak.(SSSR),1958,H.3,S.3-7)

Kleyer,H.: Die Vervollkommnung und Vereinfachung der Arbeit des Staatsapparates - der Weg zu größeren Erfolgen beim Aufbau des Sozialismus. (T.2.3.) (NJ,1958,H.8, S.261-266; H.9, S.293-298)

Kopylovskaja,M.(Kopilowskaja,M.): Einige Fragen der Kodifikation und der Systematisierung der Gesetzgebung.(Sov.jus.,1957,H.10,S.17-21)

Das militärische Kriegspotential Westdeutschlands. (ddz,1958,H.165, S.30-35)

Lazarev,V.(Lasarjew,W.): Der Kampf gegen die Rechten in der Volksrepublik China - ein Kampf für den Sozialismus.(Kommunist, 1958, H.5, S.87-100)

Lörincz,L.: Der neue arabische Staat - die Vereinigte Arabische Republik. (J.N. 1958,H.2, S.219-229)

Loga-Sowinski,I.: Volksdemokratie und Gewerkschaften in Polen. (N.Zeit, 1958,H.20,S.9-11)

Luk'janov,A.;I.Samoščenko(Lukjanow,A.;I.Samoschtschjenko): Die Sowjetverfassung - das Grundgesetz der uneingeschränkten Macht der Werktätigen. (Sov.jus.,1957,H.10, S.6-9)

Malkewitsch,W.W.: Die schöpferische Rolle der Massen bei der Schaffung der ersten Gesetze der Sowjetmacht. (Sov.gos.pravo,1957, H.8, S.12-21; deutsch: RID,1958,H.9, Sp.277-287)

Martin,A.: Es gibt einen Weg.(Betr.Wiedervereinigung Deutschlands). (Stadt u.Gem.,1958,H.5, S.1-3)

Meinicke-Kleint,H.: Tunesien im dritten Jahr seiner Unabhängigkeit. (Dt.Auss.pol.,1958,H.5, S.481-487)

Meister,R.: Der Volksentscheid gegen Bonner Atomaufrüstung - ein Mittel zur Sicherung der Rechte des Volkes. (NJ,1958, H.10, S.329-332)

Miller,S.: Der Aufstand der "Night-Klub-Rebellen". (Betr.Indonesien). (Weltb.,1958,H.15, S.464-468)

Murzynowski,A.: Einige Bemerkungen zur parlamentarischen Immunität im Lichte der Verfassung der Polnischen Volksrepublik.(P.i P.,1958, H.4, S. 620-635)

Parker,R.: Die Meuterei auf Sumatra.(Indonesien).(N.Zeit,1958,H.17, S.9-12)

Pasquino:Angst vor der Demokratie. (Betr.Wahlen in Italien). (Weltb.,1958,H.15, S.458-460)

Poppe,E.: Zu einigen Beziehungen zwischen den örtlichen Organen der Staatsmacht und den Organen der Volkspolizei. (Schr.Dt.Vpol.,1958, H.21, S.40-50)

Rhenanus: Geschichtliche Parallelen. (Betr. Weimarer Verfassung - GG). (Weltb.,1958, H.16, S.488-492)

Richter,H.: Thesen zur Auswertung der 35.Tagung des ZK der SED. (Betr. Entwicklung des Staatsapparates).(DFW, 1958,H.9, S.122-126)

Šamalík,F.: Der demokratische Zentralismus als Organisationsprinzip der Leitung des Staates durch die Werktätigen.(Nová mysl,1958, H.5, S.404-419)

Sans,A.: Die Bedeutung der allgemeinen Wahlen in Argentinien. (Dt.Auss.pol.,1958, H.5, S.487-492)

Sarkasmus: Aus dem Bonner Irrgarten. (Betr.CDU). (Weltb.,1958,H.13, S.389-393)

Sarkasmus: Westdeutscher Bilderbogen. (Betr.Atomrüstung).(Weltb.,1958, H.20, S.618-622)

Scharf, G.: Das "Innere Gefüge" der Bonner NATO-Wehrmacht. (WZ Greifswald (GR),1956/57, H.4, S.339-349)

Schulz,R.: Über die Bedeutung der Großen Sozialistischen Oktoberrevolution für die Lösung der nationalen Frage. (Dt.Zs.Philos.,1958, H.1, S.22-39)

Seigewasser,H.: Die politische Massenarbeit auf höheres Niveau heben. (Betr.Gesetz über die Vereinfachung und Vervollkommnung des Staatsapparates.)(Dem.Aufb.,1958,H.9, S.195-197)

Maßnahmen zur Vervollkommnung des Staatsapparates in der DDR.(Eine Dokumentation). (ddz,1958,H.163, S.24-29)

Szymanski,M.: Der Kampf für die Produktion und die Arbeiterdemokratie. (Nowe Drogi, 1958,H.4, S.60-70)

Tanco,T.: Die Große Nationalversammlung - das einheitliche höchste Organ der Staatsmacht der Volksrepublik Rumänien.(J.N. 1958,H.2, S.206-218)

Die Gründung der Vereinigten Arabischen Republik und der Arabischen Föderation.(Mit Dokumenten).(ddz,1958,H.164, S.38-42) 6

Vetrov,I.(Wjetrow,I.): Die Durchführung der Wähleraufträge. (Soc.zak.(SSSR), 1958,H.3, S.32-35)

Villain,J.: Staatsstreich gegen die ARAMCO? (Betr.Saudi-Arabien). (Weltb.,1958, H.16, S.484-488)

Villain,J.: Sie heißt SFIO... (Betr.Frankreich).(Weltb.,1958,H.17, S.518-522)

Villain,J.: Paris, fünf Minuten vor Zwölf. (Betr.Faschismus - Frankreich). (Weltb.,1958,H.18, S.570-572)

Villain,J.: Pronunziamiento in Alger.(Betr.Frankreich).(Weltb.,1958, H.22, S.673-679)

Welke,A.: Enge Zusammenarbeit mit den Gewerkschaften.(Dem.Aufb., 1958, H.10, S.222-225)

Wessely,J.: Die Grundrechte der Bürger der Deutschen Demokratischen Republik - Ausdruck sozialistischer Demokratie.(Schr.Dt.Vpol.,1958, H.21, S.26-39)

Zak,E.: Vertrauensmann und Produktionsberatungen.(Arb.,1958,H.5, S.19-21)

Zielke,G.: Dialektik und neuer Arbeitsstil im Staatsapparat. (Dem.Aufb.,1958, H.11, S.249-251)

Zimin,S.N.: Die neue Verordnung über den Dorfsowjet der Deputierten der Werktätigen der RSFSR. (Sov.gos.pravo,1958,H.1, S.3-11; deutsch: RID,1958,H.11, Sp.340-350)

8. Gerichtsverfassung (einschließlich Staatsanwaltschaft, Justizverwaltung, Notariat u. Anwaltschaft)

Beneslavskij,D.(Bjenjeslawskij,D.): Die neue Bonner Zeit und die alten faschistischen Richter.(Sov.jus.,1958,H.2, S.72-73)

Boldyrev,V.(Boldirjew,W.): 40 Jahre sozialistische Rechtsprechung. (Sov.jus.,1957,H.9, S.2-10)

Chou-li,W.: Die Organisation und die Tätigkeit des Gerichtssystems der Volksrepublik China.(Sov.jus.,1958,H.1, S.47-51)

Dillhöfer,G.: Eine neue Schiedsmannsordnung.(Schöffe, 1958,H.4, S.109-114)

Fomina,V.: Die Fragen der Zuständigkeit und der Gerichtsbarkeit müssen richtig entschieden werden.(Sov.jus.,1958,H.1, S.11-14)

Geraščenko, F.u.a.(Gjeraschtschjenko,F.): Die Erörterung der Entwürfe des Gerichtsverfassungsgesetzes, des Strafgesetzbuches und der Strafprozeßordnung der RSFSR. (Sov.jus.,1958,H.1, S.29-35) 11

Helm,R.: Fragen der Entwicklung einer sozialistischen Rechtsanwaltschaft.(NJ,1958, H.9, S.298-301)

Zur Ausarbeitung der Verordnung über die Justitiare in den Unionsrepubliken.(Soc.zak.(SSSR), 1958,H.3, S.45-46)

Neumann,H.: Die Justizorgane der Deutschen Demokratischen Republik schützen die sozialistischen Errungenschaften.(Sov.jus.,1957,H.9, S.67-69)

Raginskij,M.: Die Amerikaner über ihr Gerichtssystem.(Sov.jus.,1957, H.10, S.56-60)

Rubičev,A.(Rubitschjew,A.): Das Oberste Gericht der Russischen Föderation und seine Aufgaben.(Sov.jus.,1957,H.9, S.17-22).

Die Schöffenwahlen in der DDR. (ddz,1958, H.165, S.26-30)

Schubert,L.: Die ersten Gerichtswahlen in der Tschechoslowakei. (Sov.jus.,1958,H.2, S.59-60)

Šepelev,M.;B.Solov'ev,E.Vajsman(Schjepjeljew,B.Solowjew,E.Wajsman): Nochmals zur Organisation der Kontrolle über die Arbeit der Gerichte. (Sov.jus.,1957,H.10, S.22-25)

Streit,J.: Für einen neuen Arbeitsstil in der Justiz.(NJ,1958,H.11, S.368-371)

Torčinskij,G.;L.Borščevskij(Tortschinskij,G.;L.Borschtschjewskij): Die Organisierung des juristischen Dienstes in den Volkswirtschaftsräten und Betrieben.(Sov.jus.,1958,H.2, S.6-10)

Zu neuen Erfolgen in der Arbeit der Volksgerichte.(Sov.jus.,1958, H.1, S.1-5)

Die Auswahl und die Erziehung der Volksrichter muß richtig organisiert werden.(Sov.jus.,1957,H.8,S.3-6)

Zinov'ev,B.(Sinowjew,B.): Noch einmal über das neue System der Bezahlung der Arbeit der Rechtsanwälte.(Sov.jus.,1958,H.1,S.15-18)

9.Verwaltungsrecht und Allgemeine Aufsicht des Staatsanwalts

Armbrust,W.: Sozialistischer Arbeitsstil - aber wie? (Betr.Gesetz über die Vereinfachung und Vervollkommnung des Staatsapparates). (Dem.Aufb.,1958,H.9, S.197-200)

Aust,H.W.: Der "Gemeinsame Markt" bedroht die Städte und Gemeinden Westdeutschlands. (Stadt u.Gem., 1958,H.5, S.22-25) 6

Belyk,N.: Der Tätigkeit der Organe für Personenstandswesen muß mehr Beachtung geschenkt werden. (Sov.jus.,1957, H.10, S.46-47)

Duschek,A.: Zur Zusammenarbeit der Staatlichen Plankommission mit den Wirtschaftsräten bei denRäten der Bezirke.(Stadt u.Gem.,1958, H.5, S.6-8)

Ebert,F.: Für eine neue Qualität in der Arbeit.(Betr.Gesetz über die Vereinfachung u.Vervollkommnung des Staatsapparates).(Stadt u.Gem., 1958, H.4, S.1-4)

Eichhorn,P.: Fragen der Koordinierung des Haushaltsplanes mit dem Volkswirtschaftsplan in den örtlichen Staatsorganen. (DFW,1958, H.8, Ausg. Staatsh.,S.197-203)

Fischer,R.;K.Breitfeld: Der neue sozialistische Arbeitsstil in den Finanzorganen.(Betr.Gesetz über die Vereinfachung und Vervollkommnung des Staatsapparates). (DFW, 1958,H.8, S.105-108)

Flieder,W.: Neue Aufgaben bei der Leitung der privaten Wirtschaft. (Dem.Aufb.,1958, H.10, S.227-229)

Frolow,E.: Über die weitere Reorganisation der Leitung der Industrie. (Kommunist, 1958,H.2, S.49-63; deutsch: RID,1958,H.11, Sp.321-336)

Glotov,I.: Die Reorganisation der MTS und das kollektivwirtschaftliche Eigentum. (Kommunist, 1958,H.5, S.38-54) 16

Gorynski,J.: Die Beschlüsse des XI. Plenums auf dem Gebiete der Wohnungspolitik. (Nowe Drogi,1958,H.4, S.13-26)

Gottwald,L.: Wirtschaftsräte und Außenhandel. (Ahdl.,1958,H.9, S.315-316) 6

Gregor,K.: Die Verbesserung der Planung und Leitung der Volkswirtschaft und die Aufgaben der Staatlichen Plankommission.(Einh.,1958, H.4, S.484-493)

Hannemann,H.: Verwirklichung des Gesetzes und bessere Erfüllung der Pläne sind eine Einheit. (Betr.Gesetz über die Vereinfachung und Vervollkommnung des Staatsapparates).(Dem.Aufb.,1958,H.9, S.200-202)

Herrmann,G.: Die Stellung des Hauptbuchhalters im Kleinbetrieb. (DFW, 1958,H.10,Ausg.Fin.u.Buchf., S.300-301)

Iserzon,E.: Einige grundlegende Probleme des Verwaltungsverfahrens de lege ferenda. (P.i P.,1958,H.3, S.383-405)

Krenz,G.;H.Otschik: Sozialistische Leitung durch die Kreisbauämter. (Dem.Aufb., 1958,H.11, S.244-247)

Krömke,C.: Probleme der Lehre von der staatlichen Leitung unserer sozialistischen Industrie. (Einh.,1958, H.4, S.539-550)

Kunert,H.: Allen Kindern frohe Ferientage in unserer sozialistischen Heimat. (Jugendfragen). (Dem.Aufb.,1958, H.9, S.212-214)

Lange,A.: Mit neuen Methoden die Pläne für 1958 erfüllen und für 1959 vorbereiten. (Dem.Aufb.,1958,H.8, S.176-179)

Lange,F.: Sozialistische Erziehung und Jugendhilfe.(Jug.Heimerz.,1958, H.4, S.145-152)

Lehmann,O.: Steigende Arbeitsproduktivität = besseres Leben.(Zum Gesetz über die Abschaffung der Lebensmittelkarten).(Arb.,1958,H.6, Sonderheil.,S.1-8)

Lich,G.: Durch konsequente Anwendung der Erfurter Arbeitsmethode zur Aktivierung des Streifendienstes. (Schr.Dt.Vpol.,1958,H.21,S.51-59)

Mahler,H.G.: Konjunktur und Gemeinde.(Betr.Lage der westdeutschen Gemeinden). (Stadt u.Gem.,1958,H.4, S.18-19)

Manneberg,W.: Bessere Anleitung durch Exkursionen und Jahresarbeitsaufträge.(Betr.Gesetz über die Vereinfachung und Vervollkommnung des Staatsapparates). (Dem.Aufb.,1958, H.9, S.204-206)

Meister,R.: Unsere Volksmacht sichert die demokratische Entwicklung der Gemeinden. (Stadt u.Gem.,1958, H.4, S.6-9)

Müller,O.;H.Böttcher: Zum neuen Arbeitsstil in den Finanzorganen. (Dem.Aufb.,1958, H.10, S.220-222) 10

Naumov,M.; Lebedeva: Wie wir die Arbeit auf dem Gebiet der Entscheidung über Beschwerden der Werktätigen organisiert haben.(Sov.jus., 1957,H.8, S.50-51)

Nežinskij,N.; G.Oparev(Njeshinskij,N.;G.Oparjew): Aus den Erfahrungen des Werkunterrichts in den Schulen: Eine wichtige Frage. Über die Vorbereitung der Schüler für die Arbeit in der Produktion. (Kommunist, 1958,H.5, S.119-128)

Ogurcov,I.(Ogurzow,I.): Die Ursachen für Beschwerden der Werktätigen wegen Bürokratismus und Schlendrian müssen beseitigt werden. (Sov.jus.,1957,H.8, S.7-10)

Wie vollzieht sich die Umgestaltung unseres Systems der Planung und der Verwaltung. (Nowe Drogi,1958,H.4, S.46-59)

Popluschnik,R.: Aufgaben der örtlichen Staatsorgane auf dem Gebiete des Handels und der Versorgung.(Dem.Aufb.,1958,H.8, S.179-182)

Posiorski,W.;J.Schiller: Die Einheit der materiellen und finanziellen Planung und die örtlichen Organe der Staatsmacht.(DFW,1958, H.9, Ausg.Staatsh.,S.225-229)

Prudinskij,E.: Der Wohnungsbau mit der Beteiligung der Arbeiter und Angestellten. (Sov.jus.,1958,H.3, S.47-48)

Riedel,F.: Die Kenntnis der Struktur und Arbeitsorganisation in den volkseigenen Speditionen - eine Voraussetzung zur erfolgreichen Bekämpfung von Verbrechen auf dem Gebiet des Speditionswesens. (Schr.Dt.Vpol.,1958, H.21, S.70-82) 11

Sapožnikov,I.(Saposhnikow,I.): Die Aufsicht der Staatsanwaltschaft über die Gesetzlichkeit und die Begründung der Urteile, Entscheidungen und Beschlüsse der Gerichtsorgane. (Soc.zak.(SSSR), 1958,H.3, S.63-66)

Schapowalenko,S.G.: Zu Fragen der polytechnischen Ausbildung. (Sov.Wiss.(GB), 1958, H.5, S.611-620)

Schmidt,W.: Unterstützung der polytechnischen Bildung - eine Aufgabe auch der örtlichen Staatsorgane.(Dem.Aufb.,1958, H.8, S.183-185)

Schultz,W.;H.Rose: Das Gesetz über die Vervollkommnung und Vereinfachung der Arbeit des Staatsapparates und die Aufgaben der Staatsanwaltschaft. (NJ, 1958, H.10, S.333-334)

Sievers,R.: Wandel von Rechtsformen im Wasserrecht.(WZ Jena(GR), 1957/58, H.1, S.97-112)

Simakov,K.;A.Zaplavnyj (Simakow,K.;A.Saplawnij): Die Arbeitserfahrungen der Industrie nach der Reorganisation der Leitung der Wirtschaft. (Vopr.ekon.,1958, H.2, S.30-35)

Šiškin,P.(Schischkin,P.): Das Verfahren des Wohnungstauschs muß geregelt werden. (Sov.jus.,1957, H.10, S.41-43)

Švejda,J.: Was soll der Volksrichter über die allgemeine Aufsicht der Staatsanwaltschaft wissen? (Soudce z lidu, 1958, H.3,S.28-30)

Wagenhaus,G.: Was ist jetzt in der Kaderarbeit zu tun?(Dem.Aufb., 1958, H.10, S.217-219)

Wörmsdorf,H.J.: Neue Leitung des Bauwesens durch das Stadtbauamt. (Dem.Aufb.,1958, H.9, S.208-210)

Zepkow,W.K.: Über die Struktur der Exekutivkomitees der Rayonsowjets der Deputierten der Werktätigen. (Sov.gos.pravo,1958,H.4,S.71-74; deutsch: RID,1958, H.11, Sp.336-340)

Zienert,H.: Die Anleitung der Städte und Gemeinden verbessern. (Betr.Gesetz über die Vereinfachung und Vervollkommnung des Staatsapparates).(Dem.Aufb.,1958, H.9, S.210-212)

10.Finanzrecht

Beck,H.: Die Bedeutung einer operativen Valutareserve.(Ahdl.,1958, H.8, S.293-295) 6

Bielke,F.: Investitionen erfordern kollektive Zusammenarbeit. (DFW,1958, H.10, Ausg.Fin.u.Buchf.,S.293-299)

Böttcher,G.: Wohin steuert die westdeutsche Finanzpolitik? (DFW,1958, H.9, Ausg.Staatsh.,S.249-251)

Diamanopol,;I.Vacarel: Die Finanzen der Volksrepublik Rumänien im Dienste des sozialistischen Aufbaus.(Probl.econ.,1957,H.12,S.63-81)

Harasimowicz,J.: Über die Notwendigkeit der Kodifikation des Finanzrechts.(P.i P.,1958, H,4, S.563-575)

Heinicke,W.: Voraussetzungen zur vollen Entfaltung der Wirkung des Kredites in der DDR. (DFW, 1958,H.9, Geld u.Kred./Vers.,S.266-269)

Herchar,K.: Die Rolle des Goldes für die Stabilität der westdeutschen Währung. (Wirtsch.Wiss.,1958,H.2, S.221-239)

Herdegen,J.: Das westdeutsche Rüstungspotential und seine Auslastung. (DFW,1958,H.8, Ausg.Staatsh.,S.217-221)

Konnik,I.: Die Preisgestaltung und das Problem des Geldes im Sozialismus. (Vopr.ekon.,1958,H.1, S.101-109)

Pfeiffer,D.: Über volkseigene Beteiligungen und halbsozialistische Betriebe. (DFW,1958,H.9, Ausg.Staatsh. S.236-238)

Pilz,W.: Die Verjährung von Steueransprüchen und die Berichtigung von Steuerbescheiden. (DFW, 1958,H.9, Ausg.Staatsh., S.241-245)

Rumpf,W.: Die Vervollkommnung und Vereinfachung der Arbeitsweise der Finanzorgane. (Schlußwort von Min.Rumpf auf der Arbeitstagung mit leitenden Finanzkadern am 17.und 18.April 1958).(DFW,1958.H.10, S.138-151 u.152-157)

Schneider,G.: Zu den Aufgaben der Staatshaushaltsplanung.(DFW,1958, H.10, Ausg.Staatsh.,S.255-256)

Sidorov,M.: Zur Frage der Finanzierung von Industriebauten. (Vopr.ekon.,1958, H.1, S.139-142)

Die Rolle des Staatshaushaltes bei der Verteilung und Umverteilung des Nationaleinkommens in der DDR. (DFW, 1958,H.9, Ausg.Staatsh., S.247-249)

Viehweger,K.H.: Methode und Finanzierung der Vertragsforschung und -entwicklung. (DFW, 1958,H.9, Ausg.Staatsh.,S.238-241)

Vlček,F.: Zu den neuen Durchführungsbestimmungen auf dem Gebiete der Investitionsbauten. (Soc.zák.,1958,H.3, S.195-206)

Wienbeck,E.;G.Trysno:Die Änderungen in der Besteuerung der Handwerker. (DFW,1958,H.8, Ausg.Staatsh., S.208-211 u.221)

11.Strafrecht, Strafprozeß

Andrle,D.: Strafbarer Tätigkeit der Jugendlichen muß vorgebeugt werden. (Soudce z lidu, 1958,H.3, S.33-35)

Bafia,J.: Über die Änderung des Verfahrens vor den Strafgerichten. (N.P.,1958, H.4, S.15-30)

Baranov,P.: Über die Grundlagen des Strafverfahrens in der UdSSR. (Soc.zak.(SSSR), 1958,H.3, S.8-13)

Bein,H.;M.Nast:Sozialistische Gesetzlichkeit und materieller Verbrechensbegriff. (St R, 1958,H.4, S.389-409)

Berg,H.: Kämpft gegen die Ursachen der Jugendkriminalität.(Vpol., 1958, H.10, S.20-21)

Burda,A.: Zur Auslegung der Bestimmung des § 392 Abs.1 StPO über die Veränderung der Strafzumessung. (Soc.zák.,1958, H.1, S.34-42)

Burda,A.: Der strafrechtliche Schutz gegen den Schmuggel.(Soc.zák., 1958, H.2, S.96-108)

Celinski,W.: Um das Problem der Verteidigung.(N.P.,1958, H.4, S.86-89)

Cieślak,M.: Über die Richtlinien des Obersten Gerichts vom 16.10.1957, die Strafzumessung betreffend. (Palestra, 1958, H.3/4, S.3-17)

Císařova,D.: Zu einigen Fragen des Adhäsionsverfahrens. (Soc.zák., 1958, H.3, S.160-164)

Fräbel,A.: Die Familienerziehung unter Übertragung besonderer Erziehungspflichten gemäß § 12 JGG. (NJ, 1958, H.11, S.377-380)

Frolov,E.;A.Ščedrina (Frolow,E.;A.Schtschjedrina): Die Qualifizierung von rowdyhaften Handlungen, die mit Anschlägen auf die Person verbunden sind. (Sov.jus.,1958, H.2, S.56-58)

Gercenzon,A.(Gjerzjenson,A.): Praktische Fragen der Organisierung der Untersuchungen über die Kriminalität. (Sov.jus.,1958, H.1, S.6-10)

Grickevic,M.(Grizkjewitsch,M.): Der Kampf gegen die Jugendkriminalität. (Soc.zak.(SSSR), 1958, H.3, S.30-31)

Hochberg,L.: Eine weitere Verbesserung des Schutzes des gesellschaftlichen Eigentums. (N.P.,1958, H.4, S.31-44)

Jakowlew,M.W.: Über die Verbrechensverhütung.(Schr.Dt.Vpol.,1958,H.21, S.60-69)

Kalinowski,S.: Über die richtige Begründung der Urteile in Strafsachen (T.2.) (N.P.,1958, H.4, S.45-53)

Kozak,L.: Die Verantwortlichkeit für die Ausübung verbotener Gewerbe. (Soc.zak.(SSSR), 1958, H.3, S.36-38)

Krachmal'nik,L.;I.Noj;G.Vorob'ev: Über die Bedeutung des Geständnisses des Beschuldigten. (Sov.jus.,1958, H.3, S.50-53)

Kubiak, St.: War es eine Schlägerei? (Palestra,1958, H.2, S.26-31)

Kudrjavcev,V.(Kudrjawzew,W.): Die Verbrechensverhütung - eine wichtige Form des Kampfes gegen die Überreste des Kapitalismus im Bewußtsein der Menschen. (Sov.jus.,1958, H.2, S.15-19)

Kuznecov,B.;V.Orechov (Kusnjezow,B.;W.Orjechow): Der Begriff der schweren Körperverletzung muß genau festgelegt werden.(Sov.jus.,1958, H.1, S.44-46)

Leim,E.;H.Löwenthal: Ziel-(Angriffs)richtung und Zielsetzung.(NJ, 1958,H.9, S.306-309)

Lekschas,J.: Gegen bürgerlich-idealistische Tendenzen in der Theorie des Jugendstrafrechts. (St R, 1958, H.4, S.360-388; NJ,1958,H.9, S.309-314; NJ,1958, H.10, S.349-352)

Marga,P.; H.Müller: Ein neuer Anschlag auf das Verteidigungsrecht. (NJ, 1958, H.11, S.388-391)

Nazalov,A.;S.Maksimov (Masalow,A.;S.Maksimow): Über die richtige Auffassung von der strafrechtlich zu ahnenden, eigenmächtigen Entfernung vom Truppenteil. (Sov.jus.,1958,H.2, S.25-29)

Müller,Z.: Die Bedeutung der Neuregelung der Führung des Strafregisters. (Soc.zák.,1958, H.1, S.43-48)

Nezkusil, J.: Die freiwillige Abstandnahme bei der Beteiligung.(Pr., 1958, H.4, S.313-326)

Noack,J.; H.Müller: Wegen Kritik an der Rechtsprechung verurteilt. (NJ,1958, H.11, S.386-388)

Olszewski,M.: Soll man den Begriff der Gesellschaftsgefährlichkeit im Strafrecht beibehalten? (P.i P.,1958, H.3, S.425-441)

Orlinskij,G.: Die Mängel der Gerichtspraxis in Verfahren wegen Ausübung eines verbotenen Gewerbes. (Sov.jus.,1957, H.10, S.63-65)

Orschekowski,W.: Die Erfahrungen mit dem materiellen Verbrechensbegriff bei der Anwendung des § 8 StEG berücksichtigen! (NJ,1958,H.9, S.302-306)

Osenin,V.;R.Cirul'nikova (Ossjenin,W.;R.Zirulnikowa): Die Vernehmung von Minderjährigen in der Gerichtssitzung.(Sov.jus.,1958,H.1,S.19-23)

Papierkowski,Z.: Der Wahrheitsbeweis in einem bestimmten Fall der Verleumdung. (Palestra,1958, H.2, S.23-25)

Popescu,D.: Zur Frage der Untersuchung und Verhandlung einer Sache im Falle von Desertation. (J.N.,1958, H.2, S.230-247)

Renneberg,J.: Die neuen Strafarten in der Praxis unserer Gerichte. (NJ, 1958, H.11, S.372-377)

Römer,A.; W.Hennig: Die Verbrechen gegen die Deutsche Demokratische Republik. (Schr.Dt.Vpol.,1958, H.21, S.1-25)

Rolenc, O.: Die Spekulation. (Soudce z lidu, 1958, H.3, S.26-28)

Sadovnikov,I.(Sadownikow,I.): Die Kultur und die Qualität der staatlichen Anklage müssen verbessert werden. (Soc.zak.(SSSR),1958,H.3, S.27-29)

Sawicki,J.: Der Alkoholverbrauch und die strafrechtliche Verantwortlichkeit des Unzurechnungsfähigen. (Über die Konstruktion des sogen. Rauschdelikts). (P.i P.,1958, H.4, S.576-590)

Ščeločinin,A. (Schtschjelotschinin,A.): Die prozessuale Stellung des gerichtsmedizinischen Sachverständigen. (Soc.zak.(SSSR), 1958,H.3, S.42-44)

Schlüter,H.J.: Zur Anwendung der neuen Strafrechtsnormen auf das Steuerstrafrecht. (DFW,1958,H.8, Ausg.Staatsh., S.213-216)

Schneider,G.: Verkehrsstrafsachen und Alkohol. (Schöffe,1958, H.4, S.119-123)

Schubert,L.: Analyse des allgemeinen Teils des Strafgesetzes vom Gesichtspunkt strittiger Fragen. (Pr.štúdie, 1958, H.1, S.73-114)

Siewierski,M.: Eine neue Reform des Eröffnungs-Verfahrens und die Änderung der Bestimmungen über die außerordentliche Revision.(N.P., 1958, H.4, S.3-14)

Smol'nikov,V.;V.Šanin: Die Anwendung der Vermögenseinziehung muß eingeschränkt werden. (Sov.jus.,1958, H.2, S.41-43)

Štejner,A.: Das Wachstum der Kriminalität in der Deutschen Bundesrepublik. (Sov.jus.,1958, H.1, S.72-74)

Strogovic,M. (Strogowitsch,M.): Das Geständnis des Beschuldigten als gerichtlicher Beweis. (Sov.jus.,1957, H.8, S.16-21)

Im Hinblick auf das Material des Untersuchungsverfahrens müssen von den Gerichten höhere Anforderungen gestellt werden.(Sov.jus.,1958, H.3, S.1-5)

Vieska,J.: Zu Fragen der Klassenbeziehungen und des Kampfes gegen die Kriminalität in der Periode der beginnenden Vollendung des sozialistischen Aufbaus der Republik. (Soc.zák.,1958, H.2, S.85-96)

Vladimirov,V. (Wladimirow,W.): Die starke seelische Erregung als mildernder Umstand. (Sov.jus.,1957, H.8, S.22-26)

Weise,W.: Erste Erfahrungen aus der Anwendung des Strafrechtsergänzungsgesetzes. (Schöffe, 1958, H.5, S.142-146)

Zabrodzka,H.: Die Rolle des Verteidigers im Prozeß vor dem Jugendgericht. (Palestra, 1958, H.2, S.71-78)

Zagorodnikov,G.;I.Šmarov (Sagorodnikow,G.;I.Schmarow): Die Konferenz über Fragen des sowjetischen Besserungsarbeitsrechts.(Sov.jus.,1957, H.8, S.64-66)

12.Kriminalistik,Gerichtliche Medizin, Gerichtspsychiatrie,-psychologie

Müller,K.: Die Bedeutung und Methode der gerichtlichen Schriftexpertise. (Dem.u.R.,1958, H.2, S.57-62)

Schulze,S.: Das Blutgruppengutachten in Vaterschaftsprozessen. (Dem.u.R.,1958, H.2, S.50-57)

Šljachov,A.(Schljachow,A.): Aktuelle Aufgaben der sowjetischen Kriminalistik. (Sov.jus.,1957, H.8, S.42-47)

13.Zivilrecht

Bacsó,J.: Die Fragen der Rechts- und Handlungsfähigkeit im Entwurf des bürgerlichen Gesetzbuches. (J.K.,1958,H.3/4,S.80-89)

Baru,M.I.: Der Übergang des Eigentumsrechts bei der Kooperation der Produktion. (Sov.gos.pravo, 1957,H.8, S.111-114; deutsch: RID,1958, H.10, Sp.309-314)

Czachorski,W.: Die Feststellung der Höhe des Schadenersatzes nach den Bestimmungen des Schuldleistungsgesetzes. (N.P.,1958,H.4,S.54-68)

Die Diskussion über den Entwurf des Bürgerlichen Gesetzbuches im Institut für Staats- und Rechtswissenschaft. (J.K.,1958, H.3-4, S.129-132)

Eörsi,G.: Über den Entwurf eines Zivilgesetzbuchs der Ungarischen Volksrepublik. (NJ,1958, H.8, S.277-280)

Farkas,J.: Verfahrensrechtliche Bemerkungen zum Entwurf des Bürgerlichen Gesetzbuches. (J.K.,1958, H.3/4, S.106-112)

Görner,G.: Der Schadensersatzanspruch des unterhaltsberechtigten Ehegatten bei rechtswidriger Tötung des unterhaltsverpflichteten Partners. (NJ,1958, H.10, S.339-343)

Gorodeckaja,I.(Gorodjezkaja,I.): Neues aus dem Erbrecht Indiens. (Soc.zak.(SSSR). 1958, H.3, S.84-85)

Hegyháti,I.: Bemerkungen zum Erbrecht im Entwurf des Bürgerlichen Gesetzbuches. (J.K.,1958, H.3/4, S.95-105)

Heuer,H.: Für eine Garantieverordnung. (Vertr.Syst.,1958, H.4, S.80-85)

Kertész,I.: Die Vergütung für nicht materielle Schäden.(J.K.,1958, H.3/4, S.89-95)

Kompaneetz,E.S.: Das Pfand als Mittel zur Sicherung kurzfristiger Kredite der Staatsbank der UdSSR. (Sov.gos.pravo,1957,H.7,S.118-122; deutsch: RID,1958, H.10, Sp.304-309) 10

Liskovec,B.(Liskowjez,B.): Rechtsgeschäfte, die dem Gesetz zuwiderlaufen. (Soc.zak.(SSSR), 1958, H.3, S.23-26)

Luby,S.: Der Zivilrechtsanspruch. (Pr.štúdie,1958,H.1, S.3-56)

Radzki,St.: Der Eigentumserwerb an einem Grundstück durch den Staat im Verfahren nach Art.34 des Erlasses über das verlassene und ehemals deutsche Eigentum.(Palestra,1958, H.2, S.32-43)

Supranowitz,St.: Jurij Kirillowitsch Tolstoi, Inhalt und zivilrechtlicher Schutz des Eigentumsrechts in der UdSSR, Leningrad 1955, 218 S. (Rez.).(St R, 1958,H.4, S.440-449)

14.Urheber-und Erfinderrecht

Antimonov,B.;V.Dozorcev,E.Flejšic (Antimonow,B.;W.Dosorzjew; E.Fljejschiz): Für die sozialistische Gesetzlichkeit bei der Entscheidung von Verfahren, die das Erfinderwesen betreffen.(Sov.jus., 1958, H.3, S.21-25)

Kyjovský,M.: Das Niveau der Erfindungen im Patentrecht der wichtigsten westlichen Industriestaaten.(Čas.pro mez.pr.,1958,H.2,S.141-144)

Model,H.: Zur Bedeutung und Werbekraft von Warenzeichen.(EuV,1958, H.4, S.108-110)

Randow,H.: Wann ist ein Verbesserungsvorschlag vergütungswürdig? (EuV, 1958,H.5, S.131-135)

Rjasencev,V. (Rjasjenzew,W.): Vor einer neuen Etappe in der Entwicklung des sowjetischen Erfinderrechts. (Sov.jus.,1958, H.2, S.20-24)

Die Vervollkommnung und Vereinfachung des Staatsapparates dient auch der Verbesserung des Erfindungs- und Vorschlagswesens.(EuV, 1958, H.5, S.129-131) 7

15.Vertragssystem,Vertragsgerichtliches Verfahren

Dmitriev,A.;M.Fal'kovic (Dmitrijew,A.;M.Falkowitsch): Über die Arbitragepraxis der Verhandlung von vorvertraglichen Streitigkeiten. (Sov.jus.,1958, H.1, S.37-39)

Friedrich,G.: Zur ökonomischen und juristischen Stellung der Vereinigung volkseigener Betriebe. (Vertr.Syst.,1958,H.4, S.73-77) 9

Gentz,W.: Die Bestimmungen des Vertragsgesetzes über die Verantwortlichkeit - Weiterentwicklung des sozialistischen Schuldrechts. (Dem.u.R.,1958, H.2, S.45-49)

Goldhahn,E.: Die Behandlung von Preisverstößen innerhalb der volkseigenen Wirtschaft. (Vertr.Syst.,1958, H.4, S.88-92) 11,10

Kelm,G.: Der Geltungsbereich des Vertragsgesetzes. (Dem.u.R.,1958, H.2, S.42-45)

Knapp,V.: Zur rechtlichen Regelung der Liefer- und Abnahmebeziehungen. (Nová mysl, 1958, H.5, S.436-447)

Knapp,V.: Einige Fragen der Anwendung und Interpretation des Zivilrechts in den Beziehungen sozialistischer Organisationen.(Pr.,1958, H.3, S.235-245) 3

Kobr,J.;J.Vinš:Die Wirtschaftsverträge sind zur Steigerung des ökonomischen Nutzeffektes bei der Leitung der Industrie besser auszunutzen. (Soc.zák.,1958, H.1, S.59-64)

Lange,I.: Zu einigen Formmängeln und ihren Folgen nach dem Vertragsgesetz. (Vertr.Syst.,1958, H.4, S.77-80)

Pavlát,J.: Der Erfüllungsort bei Lieferungen und Zahlungen zwischen sozialistischen Wirtschaftsorganisationen. (Soc.zák.,1958,H.1, S.71-78)

Pflicke,G.: Zur Zulässigkeit des Akkreditivverlangens der Deutschen Notenbank. (Vertr.Syst.,1958, H.4, S.85-88) 10

Protopopescu,D.; V.Georgescu: Der rechtliche Charakter der Vermögensverhältnisse zwischen den sozialistischen Wirtschaftsorganisationen. (J.N.,1958, H.2, S.263-278)

Slezák, J.: Die Arbitrage im neuen System der Organisation und Leitung der Volkswirtschaft. (Soc.zák.,1958, H.2, S.123-130) 9

Štulc, J.: Zur Wiedereinführung der Wirtschaftsverträge für Forschungs- und Projektierungsarbeiten. (Pr.,1958, H.4, S.335-345)

Svitavský, K.: Zur neuen rechtlichen Regelung der Bewirtschaftung von Verpackungsmaterial beim Warenumlauf. (Soc.zák.,1958, H.1,S.65-71)

Vlček,F.: Die Projektierungs-Wirtschaftsverträge. (Soc.zák.,1958,H.2, S.130-139)

In der Sektion Zivil- und Prozeßrecht des Rechtsinstituts der Akademie der Wissenschaften der UdSSR. (Sov.gos.pravo,1958,H.1,S.133-136; deutsch: RID,1958,H.10, Sp.314-320)

16.LPG-Recht, Bodenrecht

Belli,N.: Die Schaffung und Entwicklung des sozialistischen Eigentums in der Landwirtschaft Rumäniens. (Probl.econ.,1957, H.12,S.82-100)

Dmitraško,I.(Dmitraschko,I.): Aus den Erfahrungen über die Bezahlung der Arbeit in der Kollektivwirtschaft "Bolschewik".(Vopr.ekon., 1958,H.2, S.138-140)

Eine neue Etappe in der Entwicklung des Kolchosaufbaus. (Vopr.ekon., 1958,H.3, S.3-14)

Heuer,K.: Die materielle Verantwortlichkeit der LPG-Mitglieder. (St R, 1958, H.4, S.410-430)

Kolbusz,F.: Der Einfluß der Industrialisierung des Landes auf die bäuerliche Kleinstwirtschaft. (Nowe Drogi, 1958, H.5,S.40-52)

Korkunov,I.N.: Der Kampf der Kommunistischen Partei Chinas für die Vergesellschaftung der Landwirtschaft in der Periode des Wiederaufbaus (1949-1952). (Vopr.ist.,1958, H.4, S.57-77)

Košta,L.: Rechtsfragen der Beziehungen zwischen den Maschinen- und Traktorenstationen und den Landwirtschaftlichen Einheitsgenossenschaften auf der Grundlage der typisierten Verträge. (Pr.štúdie, 1958, H.1, S.57-72)

Zu den neuen Problemen der sozialistischen Umgestaltung der Landwirtschaft und der Steigerung der landwirtschaftlichen Produktion. (J.N.,1958, H.2, S.197-205)

Mückenberger,E.: Der Widerspruch in der Landwirtschaft.(Arb.,1958, H.6, S.38-42)

Schmidt,W.: Die Bedeutung der Perspektivpläne der LPG für die Entwicklung und Festigung der sozialistischen Produktionsverhältnisse in der DDR. (WZ Greifswald (GR),1956/57, H.4, S.289-299)

Stoces,F.: Die bürgerlichen und kleinbürgerlichen Theorien über die Agrarfrage. (Nová mysl,1958,H.4, S.309-328)

Svihalek,K.: Die westdeutsche Landwirtschaft im "Gemeinsamen Markt". (Arb.,1958,H.5, S.36-39)

Trapeznikov, S.(Trapjesnikow,S.): Die historischen Erfahrungen des Kolchosaufbaus in der UdSSR und ihr internationaler Charakter. (Kommunist, 1958,H.5, S.55-72)

Zaslavskaja,T.(Saslawskaja,T.): Neues in der Bezahlung der Arbeit der Kollektivbauern.(Vopr.ekon.,1958, H.3, S.148-156)

Zezula,J.: Die sozialistische Arbeitsdisziplin in den Landwirtschaftlichen Einheitsgenossenschaften vom Gesichtspunkt der Aufsicht des Staatsanwaltes. (Soc.zák.,1958,H.2, S.108-116) 9

17.Familienrecht

Zum Stand der Arbeiten am Entwurf des Familiengesetzbuches.(Schöffe, 1958, H.5, S.151-154)

Kolibab,K.: Der Schutz der Rechte der Eltern und Adoptiveltern muß verstärkt werden. (Sov.jus.,1957,H.8, S.34-38)

Kozucharoff,A.: Gütertrennung und Ausgleichsanspruch nach dem bulgarischen Eherecht. (NJ, 1958,H.10, S.335-338)

Radvanová,S.: Die Ehe und die Ehescheidung in der sozialistischen Gesellschaft. (Nová mysl,1957,H.7, S.630-644; deutsch: RID,1958,H.10, Sp,289-303)

Steiner,V.;J.Švestka: Zur Auslegung der §§ 76 und 77 des Gesetzes über das Familienrecht. (Soc.zák.,1958, H.3, S.165-172)

Szer, S.: Noch einmal zu den Unterhaltsansprüchen des geschiedenem Ehemannes. (N.P.,1958, H.4, S.69-74)

Waldmann,K.: Die zeitweilige Überlassung eines Kindes an Verwandte und der Wille des Kindes, dort zu bleiben, rechtfertigen keinen Sorgerechtsentzug. (Jug.Heimerz.,1958, H.5, S.209-212)

18.Zivilprozeß(einschließlich Familienrechtliches Verfahren)

Aparnikova,C.(Aparnikowa,Z.): Die Vorbereitung von Zivilsachen an den Gerichten der Volksrepublik China. (Sov.jus.,1957,H.8, S.59-60)

Bébr,R.; V.Malínský: Das Gesetz über die Notariatsgebühren.(Soc.zák., 1958, H.3, S.147-160)

Bondarev,N.: Die Fehler der Volksgerichte in Erbschaftssachen. (Sov.jus.,1958, H.3, S.48-49)

Chládek,J.: Bemerkungen zum Teil I des Kommentars zur ZPO.(Soc.zák., 1958, H.2, S.121-123)

Dobrovol'skij,G.(Dobrowolskij,G.): Die Verteidigung der Wohnungsrechte der Bürger durch das Gericht.(Soc.zak.(SSSR),1958,H.3,S.14-22)

Klimenko,N.;V.Filatow: Die Beitreibung des Unterhalts für nicht arbeitsfähige, bedürftige Eltern. (Soc.zak.(SSSR),1958,H.3,S.53-57)

Siedlecki,W.: Überblick über die Entscheidungen des Obersten Gerichts (Zivilprozeßrecht - II.Halbjahr - 1957).(P.i P.,1958,H.4, S.653-665)

Śledziński,J.: Die Sicherung von Unterhaltsansprüchen des Kindes im Prozeß wegen Vaterschaftsfeststellung. (Palestra,1958,H.2, S.44-58)

Steiner,V.: Das Verfahren in Ehesachen und sonstige, die Ehegatten betreffende Sachen. (Soudce z lidu,1958, H.3, S.36-40)

Der Verhandlung in Zivilsachen muß mehr Beachtung geschenkt werden. (Sov.jus.,1958, H.2, S.1-5)

19.Arbeitsrecht und Arbeitsrechtliches Verfahren

Bogdan,A.: Einige Fragen der Praxis bei der Anwendung des Gesetzes Nr.58/1956 über den Schadenersatz für Arbeitsunfälle.(Soc.zák.,1958, H.3, S.185-188) 13

Borovskaja,E.;R.Livšic (Borowskaja,E.;R.Liwschiz): Über die Lösung des Arbeitsvertrages auf Verlangen der Gewerkschaft.(Sov.jus.,1958, H.3, S.41-43)

Chyský,J.: Einige strittige Fragen aus dem Arbeitsverhältnis des Hauswartes.(Soc.zák.,1958, H.1, S.55-58)

Deichmann,J.: Wann liegt beharrliche Verweigerung der Arbeitsleistung vor? (ArbR.,1958, H.4, S.114)

Die Gliederung der Einkommen in Westdeutschland. (Ber.Dt.Wirtsch.Inst., 1958, H.9, S.1-20)

Feige,G.: Über Beurteilungen für die Mitarbeiter im Staatsapparat und im Bereich der volkseigenen Wirtschaft.(ArbR,1958,H.4,S.107-111)

Gufjanova,K.: Der Schadensersatz im Zusammenhang mit Berufskrankheiten. (Sov.jus.,1958,H.3, S.44-45)

Hanke,H.: Aus der Arbeit der Zentralen Beschwerdekommission.T.1.2.3. (A.u.S.,1958, H.8, S.250-251,255; H.9,S.281-282; H.10, S.311-313)

Hasiec,M.;M.Sawczuk: Über die Wahl des Weges und der Instanz zur Entscheidung über Ansprüche aus einem Arbeitsverhältnis.(P.i P., 1958, H.3, S.466-475)

Hsu Tschi-Tschen:Chinas Gewerkschaften. (N.Zeit, 1958,H.18, S.7-9)

Kofman,J.: Die Gewerkschaften im Lichte des IV. Kongresses.(Nowe Drogi, 1958, H.5, S.3-14)

Konnov,B.;S.Tichomirov: Rechtliche Fragen der Tätigkeit der Gewerkschaften in Auswertung der Beschlüsse des Dezember-Plenums des ZK der KPdSU. (Sov.jus.,1958, H.3, S.17-20)

Kratochvil,Z.: Die Verantwortlichkeit der Beschäftigten im Arbeitsrecht. (Soc.zák.,1958, H.1, S.25-34)

Krofta,O.: Die neuen Vorschriften über den Schadenersatz bei Arbeitsunfällen im Wirtschaftsverkehr der Organisationen des sozialistischen Sektors. (Pr., 1958,H.3, S.264-268)

Krummschmidt,G.: Moral und Recht - Arbeitsmoral und Arbeitsdisziplin. (A.u.S.,1958, H.9, S.278-280) 3

Kunz,F.: Die Arbeitsordnung des sozialistischen Betriebes - ein Instrument zur Teilnahme der Arbeiter an der Leitung der Produktion. (Arb.,1958, H.5,Beil. Arbeitsrecht, S.1-5) 7

Kunz,F.;W.Tippmann: Das Arbeitsrecht als ein Instrument der revolutionären sozialistischen Umwälzung lehren! (ArbR,1958, H.5, S.129-131) 3

Kunz,Th.: Die prozessualen Auswirkungen der Rücknahme einer Kündigung. (ArbR, 1958, H.5, S.143-145)

Liebe,G.: Das Verschulden als Voraussetzung der materiellen Verantwortlichkeit. (Arb.,1958, H.5, Beil. Arbeitsrecht, S.6-8)

Malinowski,J.: Die allgemeine Rentenversorgung. (Palestra,1958,H.3/4, S.62-71)

Marten,I.: Stellung und Bedeutung des Stücklohnes im System der Entlohnung nach Arbeitsleistung. (A.u.S.,1958, H.9, S.265-267)

Meier,K.: Neue gewerkschaftliche Rechte im Arbeitsschutz.(Arb.,1958, H.5, S.26-28)

Michas,J.: Die rechtliche Regelung der Feiertagsarbeit in der Deutschen Demokratischen Republik. (ArbR, 1958, H.4, S.118-121)

Rühl,H.: Das Sozialversicherungsrecht in der Deutschen Demokratischen Republik. (A.u.S.,1958,H.10, S.318-319)

Schaum,G.: Die Bildung des Komitees für Arbeit und Löhne und die sich ergebenden Aufgaben auf dem Gebiete des Arbeitsrechts.(ArbR,1958, H.4, S.97-98) 9

Schaum,G.: Wie erfolgt die Bezahlung für Arbeits-oder Dienstbereitschaft? (ArbR, 1958, H.5, S.140-142)

Schmutzler,R.: Über die Entwicklung der Arbeitsrechtswissenschaft an der juristischen Fakultät der Moskauer Universität.(ArbR,1958, H.5, S.147-149)

Schneider,R.: Fristgemäße Kündigung und Verletzung der sozialistischen Arbeitsdisziplin. (ArbR, 1958, H.4, S.99-106)

Schulz,W.: Die Arbeitsgerichte der Deutschen Demokratischen Republik im Jahre 1957. (ArbR, 1958, H.5, S.136-139)

Strohbach,W.: Zur Lohnzahlung bei Zuweisung von Schonarbeit. (ArbR, 1958,H.4, S.115)

Tippmann,W.: Die Abgrenzungsmerkmale eines Arbeitsrechtsverhältnisses. (ArbR, 1958, H.5, S.132-135)

Twille,H.: Die Zusammenarbeit zwischen den Gewerkschaften und den Arbeitsgerichten. (ArbR, 1958,H.4, S.107)

Weltner,A.: Über den Begriff des Arbeitsrechts.(J.K.,1958,H.3/4, S.118-127)

20. Internationales Privatrecht

Borský, E.: Einige Probleme des Patentrechts im internationalen Privatrecht. (Čas.pro mez.pr., 1958, H.2, S.123-127) 14

Bystrický, R.: Zu den Grundfragen des internationalen privaten Erbrechts in der ČSR. (Čas.pro mez.pr., 1958, H.2, S.101-115)

Svoboda, M.: Zur juristischen Problematik von Bankoperationen und den damit verbundenen Kollisionsproblemen. (Čas.pro mez.pr., 1958, H.2, S.128-131) 10

Svoboda, M.: Währungsmaßnahmen im Lichte des internationalen Privatrechts. (Pr., 1958, H.4, S.346-348) 10

21. Sonstiges

Belousov, O.; N. Akinča, I. Malandin (Bjelousow, O.; N. Akintscha, I. Malandin): Die Mängel bei der Durchführung der Produktionspraxis der Studenten müssen beseitigt werden. (Sov.jus., 1957, H.8, S.42-47)

Dahlem, F.: Was der sozialistische Staat vom wissenschaftlichen Nachwuchs fordert. (Hswesen, 1958, H.2, S.55-62)

Hager, K.: Der Kampf für die weitere sozialistische Umgestaltung der Universitäten und Hochschulen der DDR. Referat auf der III. Hochschulkonferenz der SED, 28. Februar bis 2. März 1958 in Berlin. (Forum, Wiss.Beil., 1958, H.10, S.1-16)

Auf dem Wege zur sozialistischen Hochschule. (Eine Dokumentation). (ddz, 1958, H.164, S.28-31)

Hörnig, H.: Eine neue Etappe der Entwicklung unserer Universitäten und Hochschulen. (Betr. III. Hochschulkonferenz der SED). (Einh., 1958, H.4, S.494-502)

Neumann, H.: Die IVDJ - die weltumspannende Organisation demokratischer Juristen. (Schöffe, 1958, H.4, S.106-108)

Püschel, H.: Die Gesetzgebung der Deutschen Demokratischen Republik (I. Quartal 1958). (NJ, 1958, H.10, S.343-349)

Šebanov, A. (Schjebanow, A.): Die Ausbildung der Juristen muß näher an die Praxis herangebracht werden. (Sov.jus., 1957, H.8, S.11-15)

Der dialektische Materialismus - der Wegweiser auf dem Wege zur sozialistischen Universität und Wissenschaft. (Hswesen, 1958, H.4, S. 159-165) 1,2

B. BIBLIOGRAPHIE AUS ZEITSCHRIFTEN DER DEUTSCHEN BUNDESREPUBLIK

Diese Bibliographie enthält eine Auswahl einschlägiger Artikel aus folgenden Zeitschriften: 1)

AG	= Der Arbeitgeber, Düsseldorf	1958,H.8-11
AöR	= Archiv des öffentlichen Rechts,Tübingen	1958,Bd 83,H.1
ArbuR	= Arbeit und Recht, Köln	1958,H.4-5
Arch.f.Krim	= Archiv für Kriminologie, Lübeck	1958,Bd 121,H.3-4
ARSP	= Archiv für Rechts- und Sozialphilosophie, Meisenheim/Gl.	1958,Bd 44,H.1
AUSS.POL.	= Außenpolitik, Stuttgart	1958,H.4-5
Aussw.D.BB	= Außenwirtschaftsdienst des Betriebsberaters, Heidelberg	1958,H.4-5
B	= Der Betrieb, Düsseldorf	1958,H.14-23
BB	= Der Betriebsberater, Heidelberg	1958,H.10-16
Betr.Verf.	= Die Betriebs-Verfassung, Frankfurt/M. .	1958,H.2-3
DÖV	= Die Öffentliche Verwaltung, Stuttgart .	1958,H.11-15
DRiZ	= Deutsche Richterzeitung, Köln,Berlin ..	1958,H.5-6
DVBl.	= Deutsches Verwaltungsblatt,Köln,Berlin.	1958,H.8-11
EA	= Europa-Archiv, Frankfurt/M.	1958,H.7-10
FamRZ	= Ehe und Familie im privaten und öffentlichen Recht, Bielefeld	1958,H.5
GAStr.	= Goltdammer's Archiv für Strafrecht, Hamburg	1958,H.4-6
Gew.Mon.H.	= Gewerkschaftliche Monatshefte, Köln ...	1958,H.4-6
GRUR	= Gewerblicher Rechtsschutz und Urheberrecht, Weinheim	1958,H.3-4
GRUR Ausl.	= Gewerblicher Rechtsschutz und Urheberrecht (Auslands- und Internationaler Teil), Weinheim	1958,H.3-4 Sonder-Nr.
IKPR	= Internationale Kriminalpolizeiliche Revue, Frankfurt/M.	1957,H.104-111 1958,H.114-115
Int.Jb.Pol.	= Internationales Jahrbuch der Politik, München	1956/57,H.5-6
JR	= Juristische Rundschau, Berlin	1957,H.11-12 1958,H.1-5
JZ	= Juristenzeitung, Tübingen	1957,H.8-10
Krim.	= Kriminalistik, Zeitschrift für die gesamte kriminalistische Wissenschaft und Praxis, Hamburg	1958,H.5-6
Mbl.freiheitl.Wipol.	=Monatsblätter für freiheitliche Wirtschaftspolitik, Frankfurt/M.	1958,H.5-6

MDR	= Monatsschrift für Deutsches Recht, Hamburg	1958,H.5-6
Mschr Krim	= Monatsschrift für Kriminologie und Strafrechtsreform, Berlin, Köln	1958,H.3-4
N.Abendl.	= Neues Abendland, Jahrbuch für Politik und Geschichte, München	1958,H.1
N.Gesellschaft	= Die Neue Gesellschaft, Bielefeld	1958,H.3
NJW	= Neue Juristische Wochenschrift, München .	1958,H.16-23
Polit.Studien	= Politische Studien, Monatshefte der Hochschule für Politische Wissenschaften, München	1958,H.96-98
RabelsZ	= Zeitschrift für ausländisches und internationales Privatrecht, Berlin	1957,H.3-4 1958,H.1
RdA	= Recht der Arbeit, München, Berlin	1958,H.4-6
RdJ	= Recht der Jugend, Berlin	1958,H.8-11
RdL	= Recht der Landwirtschaft, Hamburg	1958,H.4-5
SchlHA	= Schleswig-Holsteinische Anzeigen, Kiel ..	1958,H.4
SCHM.JB.	= Schmollers Jahrbuch für Gesetzgebung, Verwaltung und Volkswirtschaft, Berlin ..	1958,H.2
SKV	= Staats- und Kommunalverwaltung, Berlin ..	1958,H.4-5
Soz.Sicherh.	= Soziale Sicherheit, Zeitschrift für Sozialpolitik, Köln	1958,H.4-6
TW	= Die Teilzahlungswirtschaft, Dortmund	1958,H.3
UFITA	= Archiv für Urheber-, Film-, Funk- und Theaterrecht, Baden-Baden	1958,Bd 25,H.5-8
Weltw.Arch.	= Weltwirtschaftliches Archiv, Zeitschrift des Instituts für Weltwirtschaft an der Universität Kiel, Hamburg	1958,Bd 80,H.1
WRP	= Wettbewerb in Recht und Praxis, Frankfurt/M.	1958,H.4-5
WuW	= Wirtschaft und Wettbewerb, Düsseldorf ...	1958,H.4-5
Zbl.JugR	= Zentralblatt für Jugendrecht und Jugendwohlfahrt, Köln, Berlin	1958,H.3-5
ZLR	= Zeitschrift für Luftrecht, Berlin,Köln ..	1958,Bd 7,H.2
ZMR	= Zeitschrift für Miet- und Raumrecht, Düsseldorf	1958,H.5-6
Z.POLIT.	= Zeitschrift für Politik, Berlin	1958,H.4
ZSR	= Zeitschrift für Sozialreform, Wiesbaden .	1958,H.4-5
ZStr.	= Zeitschrift für die gesamte Strafrechtswissenschaft, Berlin	1957,Bd 69, H.3-4 1958,Bd 70,H.1
ZV u.ZV	= Zeitungs-Verlag und Zeitschriften-Verlag Wiesbaden	1958,H.8-11
ZZP	= Zeitschrift für Zivilprozeß, Berlin	1958,Bd 71,H.1-2

1)

1) Die hier aufgeführten Hefte sind gemäß der Benutzungsordnung der Bibliothek des Deutschen Instituts für Rechtswissenschaft bedingt ausleihfähig.

1.Soziologie,allgemeine Staatslehre,Rechtsphilosophie 1)

Albert,H.: Politische Ökonomie und Sozialpolitik.(Probleme der politischen Verwendung ökonomischer Theorien.)(RdA,1958, H.4, S.130-134) 17

Böckenförde,E.W.: Naturrecht auf dem Hintergrund des Heute.(Rez. über Osb, A.A., Der Mensch hat Recht. Graz, Wien,Köln 1956, 398 S.) (ARSP, 1958, Bd 44,H.1, S.95-102)

Brügel,J.W.: Die Labour Party gibt sich ein neues Aktionsprogramm. (N.Gesellschaft, 1958, H.3, S.227-230)

Engisch,K.;H.Welzel: Rechtsphilosophie.(Rez.).(ZStr, 1957, Bd 69,H.4, S.591-636)

Ferber,Ch.von: Interessenpluralismus und Empirische Sozialforschung. (Zur Frage der politischen Voraussetzungen der Soziologie). (Z.POLIT.,1957, H.4, S.317-332)

Flechtheim, O.K.: Politische Entwicklung und Finanzierung der CDU. (N.Gesellschaft, 1958, H.3, S.182-189)

Freund,L.: Einige Vergleiche zwischen deutscher und amerikanischer Sozialwissenschaft. (ARSP, 1958,Bd 44, H.1, S.27-54)

Freyh,R.: Aufgaben des Programms und der Theorie. (Betr.SPD). (N.Gesellschaft, 1958, H.3, S.212-219)

Gangl,H.: Staatskrise und Staatsgewalt. (Z.POLIT.,1957, H.4, S.305-316)

Heidenheimer,A.J.: Schattierungen im Röntgenbild der christlichen Demokraten. (N.Gesellschaft, 1958, H.3, S.172-181)

Heydorn,H.J.: Judentum und Antisemitismus. (Gew.Mon.H.,1958,H.6, S.352-364)

Hirschauer,G.: Der westdeutsche Katholizismus und die christlichen Demokraten. (N.Gesellschaft, 1958,H.3, S.202-208)

Kratz,Th.: Die soziale Programmatik der CDU. (Int.Jb.Pol.,1956/57, H.5-6, S.19-26)

Krauss,G.: Zum Problem des allgemeinen Gleichheitssatzes. (Rez.über Böckenförde,W., Der allgemeine Gleichheitsgrundsatz und die Aufgabe des Richters. Berlin 1957, 90 S.) (ARSP,1958, Bd 44, H.1,S.103-111) 4

Landauer,C.: Schulbildung und gesellschaftliche Gleichheit in den USA. (N.Gesellschaft, 1958, H.3, S.230-234)

1) Die nach der Fundstelle eines Artikels angegebenen Zahlen verweisen auf die Bedeutung dieses Artikels auch für andere Fachgebiete entsprechend der hier zugrunde gelegten Systematik.

Marcus,H.: Zur Ontologie der Demokratie. (ARSP, 1958, Bd 44,H.1, S.55-64)

Máynez,E.G.: Die relationale Struktur der rechtlichen Verhaltensregelung. (ARSP, 1958, Bd 44,H.1, S.1-25)

Niehuus,R.: Das Menschenbild unserer Zeit. (SchlHA, 1958, H.4, S.106-108)

Olzog,G.: Gefährdet die Bundeswehr die Demokratie? (Polit.Studien, 1958, H.96, S.227-232) 4

Reimers,W.: Zum Begriff des Ordnungsgefüges in Natur-und Rechtswissenschaft. (ARSP, 1958, Bd 44,H.1, S.65-72)

Reymann,H.: Die Sozialpolitik der Sozialdemokratie.(Int.Ib.Pol., 1956/57, H.5-6, S.27-32)

Ryffel,H.: C.A.Emge, Einführung in die Rechtsphilosophie. Frankfurt/M.- Wien, 1955, 425 S.(Rez.)(ARSP, 1958, Bd 44, H.1,S.73-78)

Schreiber,W.: Der Strukturwandel der industriellen Gesellschaft. (Int.Jb.Pol.,1956/57, H.5-6, S.2-13)

Das Programm des freien Sozialismus.(Betr.SPD). (AG,1958, H.11,S.339-341)

Stern:Interpretation - eine existentielle Aufgabe der Jurisprudenz. (NJW, 1958, H.19, S.695-698)

Wehner,H.: Schwerpunkte sozialdemokratischer Politik im geteilten Deutschland.(N.Gesellschaft, 1958, H.3, S.209-212)

2.Staats-und Rechtsgeschichte

Geschichtlicher Überblick über die Pariser Polizei. (IKPR, 1958, H.115, S.51-55)

Schultz-Wittuhn, G.: Widerstand gegen Hitler. (Gew.Mon.H.,1958,H.4, S.232-239)

Sellin,T.: Das eiserne Korsett von Philadelphia. (IKPR,1957,H.104, S.20-26)

3.Völkerrecht und Außenpolitik

Bauer,H.: "Neutralismus" und Blockfreiheit. (Gew.Mon.H.,1958,H.6, S.321-327)

Blühdorn,R.: Außenpolitik in Demokratien. (AUSS.POL.,1958,H.4, S.237-246)

Cooper,J.C.: Flugraum und Satelliten. (ZLR, 1958, H.2, S.175-184)

Cornides,W.;N.Kohlhase;J.Willmann: Die Freihandelszone als Krisenherd der europäischen Integrationspolitik.(I. Politische Aspekte der gegenwärtigen Integrationsbemühungen. II. Wirtschaftliche Probleme der Verhandlungen über die Freihandelszone).(EA,1958,H.9,S.10707-10713)

Fischer,A.J.: Die Südflanke der westlichen Verteidigung.(Betr.NATO - Türkei - Griechenland). (Polit.Studien, 1958, H.98, S.389-392)

Frey,H.K.: Europäische Wirtschaftsintegration. (AUSS.POL.,1958,H.5, S.289-300)

Gantzer,H.: Entwicklungsländer und Welthandel. (Gew.Mon.H.,1958, H.6, S.331-337)

Golsong,H.: Zur Frage der Passivlegitimation vor der Europäischen Menschenrechtskommission. (NJW, 1958, H.20, S.731-733)

Hansen,H.C.: Neue außenpolitische Aspekte. (Einige dänische Gesichtspunkte). (AUSS.POL.,1958, H.4, S.221-225)

Hübener,J.: Maßnahmen zur Erleichterung der Luftfahrt.(ZLR, 1958,H.2, S.185-188)

Karjalainen,A.: Finnlands Neutralität.(AUSS.POL.,1958, H.5, S.281-289)

Kreyssig,G.: Die sozialpolitische Fundierung der Montanunion. (Gew.Mon.H.,1958, H.4, S.217-223) 17

Lewald, W.: Das Gebot der Menschlichkeit und das Völkerrecht. (NJW,1958, H.20, S.729-731)

Meyer,A.: Kritische Bemerkungen zu neueren Erörterungen über die Rechtsprobleme des Weltraums. (Critical Remarks on Recent Discussions concerning Legal Problems of Outer Space.)(ZLR,1958,H.2,S.194-207)

Pella,G.: Hauptthemen der italienischen Außenpolitik.(AUSS.POL.,1958, H.5, S.275-281)

Robens,A.: Beilegung europäischer Konflikte. (AUSS.POL.,1958,H.4, S.225-233)

Schröcker: Das vertragswidrige Gesetz. (T.1.)(DVBl.,1958, H.11,S.369-377) 4

Stützel,W.: Freihandel und nationale Wirtschaftspolitik.(EA,1958, H.9, S.10719-10728)

Talenskij,N.: Raketen-Strategie und Außenpolitik. (EA, 1958, H.10, S.10735-10740)

Wolfers,A,: Die Grenzen des "Disengagement". (Gipfelkonferenz). (EA, 1958,H.10, S.10740-10744)

4.Staatsrecht

Ansprenger,F.: Katholische Verbände im Vorfeld der CDU.(N.Gesellschaft,1958, H.3, S.194-201)

Becker,H.: Verständigung durch Trennung. (Betr.Bekenntnisschule). (N.Abendl.,1958, H.1, S.34-40)

Bettermann,K.A.: Bundeskompetenz für Jugendschutz? (AöR,1958,Bd 83, H.1, S.91-110)

Böck,K.: Prüfstein Bekenntnisschule. (N.Abendl.,1958, H.1,S.15-26)

Delbrück,E.: Ministerpräsident - Landtagspräsident. (Betr.Staatsoberhaupt der Länder). (DÖV,1958, H.14/15, S.353-357)

Eichler,W.: Die große Aufgabe der Gewerkschaften. (Gew.Mon.H.,1958, H.5, S.257-262)

Flechtheim,O.K.: Bund und Länder in der Sicht der Parteien.(Z.POLIT., 1957, H.4, S.348-361)

Gangl,H.: Das republikanische Frankreich. Rez.über Siegfried,A.,De la III e à la IV e République. Paris 1956, 270 S. (Z.POLIT.,1957, H.4, S.395-398)

Gaupp-Berghausen,G.: Wehrpolitik und Landesverteidigung in Österreich. (Polit.Studien, 1958, H.97,S.329-333)

Grebing,H.: Die Konservativen von 1848-1918. (Polit.Studien,1958, H.98, S.403-412)

Hillekamps,C.H.: Argentiniens Wendung zur Demokratie.(AUSS.POL.,1958, H.5, S.326-333)

Jettmar, O.: Das neue österreichische Luftfahrtgesetz.(ZLR,1958,H.2, S.189-193)

König,H.G.: Die Weisung nach dem bayerischen Polizeirecht.(DÖV,1958, H.11/12, S.282-288)

Mohler, A.: Frankreich und die Franzosen. (Polit.Studien,1958, H.98, S.385-388)

Nemitz,R.: Die Frau in den deutschen Parlamenten.(Betr.Gleichberechtigung). (Gew.Mon.H.,1958, H.4, S.239-244)

Penning,K.H.: Der Grundbesitz der öffentlichen Hand im Landbeschaffungsgesetz. (DVBl.,1958, H.9, S.300-303) 5

Reuscher,F.: Zum Verfahren bei Ermessungseinbürgerungen nach dem Staatsangehörigkeitsgesetz. (DÖV,1958, H.14/15, S.368-371)

Schneider,H.: Körperschaftliche Verbundverwaltung. Verfassungsrechtliche Betrachtungen über die Bildung landesunmittelbaren und bundesunmittelbaren Verwaltungsträgern durch Bundesgesetz.(AöR,1958,Bd 83, H.1, S.1-25)

Schultz,G.: Blick in die Zeit. (Betr.Volksbefragung). (MDR,1958, H.5, S.297-299)

Sendler,H.: Bundesrecht in Berlin. (T.1.2.) (JR,1958, H.3, S.81-86; H.4, S.127-129)

Siegert,K.: Besondere Persönlichkeitsrechte als Schutz gegen ungewollte Ton- und Bildaufnahmen. (B, 1958, H.15, S.419-422)

Politischer Streik und Verfassung. (AG, 1958, H.8, S.244-245)

Thieme,W.: Staat und Gemeinden im Saarland.(DVBl.,1958,H.8,S.261-267)

Thieme,W.: Gesetzgebung über das Saarland während der Übergangszeit. (JR,1957, H.11, S.401-406)

Willms,G.: Zur Problematik eines Parteiengesetzes.(JZ,1958, H.9, S.265-268)

5.Verwaltungsrecht und Verwaltungsgerichtsverfahren

Baade,H.W.: Ist ein unter Drohung zustandegekommener Verwaltungsakt anfechtbar oder nichtig? (SchlHA, 1958, H.4, S.99-104)

Bachof,O.: Zur maßgeblichen Rechts- und Sachlage bei Anfechtungs- und Vornahmeklagen. (JZ, 1958, H.10, S.301-305)

Blank,H.: Energieversorgung unwiderruflich Sache der öffentlichen Hand? (Mbl.freiheitl.Wipol.,1958, H.6, S.348-353)

Bode: Gesetz über die Berufsausübung im Einzelhandel. (SKV,1958,H.4, S.83-84)

Bohne:Anstaltsaufsicht - Theorie und Praxis. (Zbl.JugR, 1958,H.5, S. 105-108)

Bungert,K.: Rechtliche Grundlagen für die Sozialwahlen. T.2. (Soz.Sicherh.,1958, H.4, S.104-106)

Carspecken,F.: Öffentliche Erziehungshilfe (T.1.2.)(Betr.Neufassung des VI.Abschn.des RJWG).(RdJ,1958,H.10, S.154-156; H.11, S.166-168)

Dell-Oro, A.: Das neue italienische Jugendschutzgesetz. (IKPR,1957, H.111, S.248-250)

Dittus,W.: Zur Änderung des Aufbaugesetzes in Hamburg. (DÖV,1958, H.14/15, S.361-368)

Dümichen: Die Rechtswegregelung nach dem Beamtenrechtsrahmengesetz und ihr Anwendungsbereich. (SKV, 1958, H.4, S.80-81)

Emmering,E.: Die Doppelfunktion der Polizei. (DVBl.,1958, H.10, S. 338-344)

Foerster, A.I.: "Die Chance von Karlsruhe".(Betr.Hochschulreform). (AG, 1958, H.10, S.330-332)

Gees,S.: Härteausgleich im Allgemeinen Kriegsfolgengesetz.(B, 1958, H.23, S.647-649)

Geib,E.: Die Änderungen des schleswig-holsteinischen Landesbeamtengesetzes. (SKV, 1958, H.4, S.75-80)

Gericke,K.: Haftet das Arbeitsamt bei der Vermittlung als "Makler kraft Amts"? (Soz.Sicherh.,1958, H.4, S.106-111)

Gielen,V.: Das Elitekorps der französischen Staatsverwaltung. (DÖV, 1958, H.13, S.321-324)

Gieseke,P.: Grundfragen einer rechtsstaatlichen Wassergesetzgebung. (DÖV,1958, H.13, S.324-332)

Glaser,H.;M.Löffler: Aufopferungsanspruch für Requisitionsschäden in der ehemaligen amerikanisch besetzten Zone Deutschlands. (DÖV,1958, H.14/15, S.371-374)

Gymnich,P.: Standesamt und Standesbeamter. (SKV, 1958, H.5, S.107-109)

Heckel,H.: Jugendrecht, Elternrecht, Schulrecht.(RdJ, 1958, H.10, S.145-149)

Herold, G.: Zur Frage der Haftung des Lehrers gegenüber dem Schulträger. (RdJ, 1958, H.10, S.151-154) 10

Heyers,K.; Kleve;Müskens: Mitwirkungsrecht der amtsangehörigen Gemeinde bei ordnungsbehördlicher Verordnung des Amtes, insbesondere zur Regelung der Sperrstunde. (SKV,1958, H.4, S.82-83)

Hoffmann,E.: Vom Werden der Berufsberatung. (RdJ, 1958,H.8,S.118-120) 16

Hurst,W.: Zur Problematik der polizeirechtlichen Handlungshaftung. (AöR, 1958, Bd 83, H.1, S.43-90)

Kniesch:Zur Verfassungsmäßigkeit des Vorverwahrens der Verwaltung als Voraussetzung des Verwaltungsgerichtsprozesses. (NJW,1958,H.16, S.576-578) 4

Knoll,E.: Welche Rechtswirkungen hat die Ernennung eines Berufsrichters in der Sozialgerichtsbarkeit ohne die in § 11 SGG vorgeschriebene Beratung im Ausschuß? (DÖV, 1958,H.14/15, S.357-361) 17

Kosack,G.: Zum Behördenbegriff in der Grundbuchordnung.(JR,1958,H.1, S.8-11)

Langula,E.: Begriff, Bedeutung und Grundlagen des Unterhaltszuschusses für Beamte zur Vorbereitung. (SKV,1958, H.5, S.101-103) 17

Lübbert,W.: Rechtsmitteleinlegung in Verwaltungs- und Finanzgerichtsordnung. (DVBl.,1958, H.11,S.382-384) 6

Meier,E.: Aufstiegsmöglichkeiten im sozialen Dienst.(Zbl.JugR,1958, H.3/4, S.76-79)

Mühl: Baurecht und Privatrechtsordnung. (NJW, 1958,H.21, S.769-772) 10

Müller,H.: Wasserhaushaltsgesetz und Landeswasserrecht.(JR, 1958,H.2, S.53-54)

Müller,H.E.: Zur Neuordnung des Pflegekinderwesens. (Zbl.JugR,1958, H.5, S.108-113)

Pichinot,H.: Das Verhältnis des Einzelhandelsgesetzes zu sonderrechtlichen Zugangsregelungen des Einzelhandels.(DVBl.,1958,H.9,S.307-311)

Possehl,W.: Grundzüge und Leitgedanken des Allgemeinen Kriegsfolgengesetzes. (SKV,1958, H.5, S.99-101)

Potrykus: Das bremische Ausführungsgesetz zum RJWG.(Zbl.JugR,1958, H.5, S.97-105) 17

Potrykus,G.: Zum Schutze der Kinder vor Fehlhandlungen ihrer Erziehungsberechtigten. (RdJ, 1958, H.9, S.129-131) 7

Rahner,H.: Vordienstzeiten als ruhegehaltfähige Dienstzeit. Zu §§ 115, 116 und 116a des Bundesbeamtengesetzes.(DÖV,1958, H.11/12, S.289-293) 17

Rietdorf:Gedanken zum nordrhein-westfälischen Ordnungsbehördengesetz. (DVBl.,1958, H.10, S.344-347)

Ringe,K.: Konkurrenzen, Sperrwirkungen und mit bevorrechtigten Gegenrechten belastete Verwaltungsakte bei der Wohnraumzuteilung. (DVBl.,1958,H.8, S.267-271)

Ringe,K.: Zur Unterlassungs- und Beseitigungsklage bei Verwaltungsakten und einfachen Verwaltungshandlungen. (DVBl.,1958, H.11,S.378-381)

Robert:Zur Haftpflicht der Ordnungsbehörden in Nordrhein-Westfalen. (SKV, 1958, H.5, S.109-110)

Rosenwald, W.: Ein Jugendbildungswerk als Modelleinrichtung in der behördlichen Jugendpflege. (RdJ,1958, H.8, S.121-124)

Sangmeister,W.: Aufgaben, Organisation und Arbeitsweise der Kriminalpolizei in Berlin. (Krim.,1958, H.5, S.169-171)

Schack,F.: Rechtsverordnungen im formellen Sinn? (Zur Frage der Rechtsnatur gebietlicher Organisationsakte).(DÖV,1958, H.11/12, S.273-278) 4

Schindler,M.: Verwaltungsrechtsreform in England. (NJW,1958,H.20, S.739-740)

Schürholz,H.J.: Probleme des Kurtaxrechts. (DVBl.,1958,H.8, S.271-273)

Schulz-Schaeffer: Das Nachschieben von Gründen nach der Entscheidung eines Einspruchsausschusses. (MDR, 1958, H.5, S.299-300)

Schwenk,E.H.: Grundzüge des amerikanischen Verwaltungsrechts.(DVBl., 1958, H.10, S.333-338)

Strunz,L.: Die Bauerlaubnis oder Baugenehmigung (Bauschein).(SKV,1958, H.4, S.85-87)

Stück,H.: Wie lange noch Wohnungs-Dirigismus? (Mbl.freiheitl.Wipol., 1958, H.6, S.340-347)

Tesmer: Staatsaufsicht über nichtstaatliche Waldungen in Niedersachsen. (RdL, 1958, H.5, S.115-119)

Thieme, W.: Der gesetzliche Anspruch der Hochschullehrer auf Unterrichtsgelder. (DÖV,1958, H.13, S.332-335)

Tietgen,W.: Mitwirkung von Ausschüssen in der staatlichen Verwaltung-Möglichkeit, Bewährung und Grenzen. (DVBl.,1958, H.9, S.311-315) 4

Wacke,G.: Das Gesamt-Personalrecht des öffentlichen Dienstes. (DÖV,1958, H.11/12, S.278-281)

Weber,H.von: Zur Reform des akademischen Disziplinarrechts.(DVBl., 1958, H.9, S.297-300)

Wernicke: Gefährdungshaftung nach § 22 des Wasserhaushaltsgesetzes. (NJW, 1958, H.21, S.772-775) 10

Westphal,J.: Die Stellung der Nachbarn bei der Genehmigung von Flughäfen und Landeplätzen. (DVBl.,1958, H.9, S.303-307)

Winandy,E.B.: Öffentliche Ordnung und Polizei der Zukunft. (T.1.2.) IKPR, 1958,H.114, S.3-10; H.115, S.43-50) 3,4

6.Finanz-,Steuer-u.Preisrecht (einschließlich Finanzgerichtsverfahren)

Wie steht's mit unserer langfristigen Auslandsverschuldung? (AG,1958, H.11, S.352-354)

Bing,W.B.: Wann wird Frankreich reif zum Gemeinschaftsmarkt? (Mbl.freiheitl.Wipol.,1958, H.5, S.273-277) 3,12

Brockhoff: Zur Besteuerung von Einkünften aus mehreren Tätigkeiten. (BB, 1958, H.16, S.588-591)

Buchwald,F.: Das Anfangsvermögen nach dem Gleichberechtigungsgesetz. (BB, 1958,H.14, S.493-494)

Buchwald,F.: Verhältnis von Zivil- und Steuerrecht.(JR, 1958, H.3, S.87-89) 10

Bundesetat und Steuerreform. (AG,1958, H.9, S.271-274)

Debatin,O.: Maßhalten? (Betr.Staatshaushalt).(Mbl.freiheitl.Wipol., 1958, H.5, S.269-272)

Emminger,O.: Internationale Währungsprobleme der Gegenwart. (Polit.Studien,1958, H.97, S.320-328) 3

Gantenberg: Provisionen im werbenden Zeitschriftenhandel und Bewertung der Belieferungsrechte. (B, 1958,H.15, S.409-411)

Haushaltsdebatte in Baden-Württemberg. (Betr.Beratung des Einzelplanes für das Justizministerium).(DRiZ, 1958, H.5, S.144-146)

Heissmann,E.: Zur Bewertung von Ruhegeldzusagen bei der Prüfung der Angemessenheit. (BB,1958, H.10, S.373-374) 17

Heißmann,E.: Die steuerliche Behandlung von Vorbehalten in Ruhegeldzusagen. (B,1958, H.18, S.498-501) 17

Hertel,R.: 7c-Darlehen und Organschaft in der Gewerbesteuer.(B,1958, H.16, S.436-438)

Heubeck,G.: Pensionsanwartschaften in der Einheitsbewertung.(Neues BFH-Urteil - neue Probleme.) (B,1958, H.14, S.373-376)

Hillert,A.: Dienstaufwandsentschädigungen und Werbungskosten. (BB, 1958, H.13, S.480-482)

Kasnacich-Schmid,J.: Grundsätze kameralistischer Geldpolitik. (Weltw.Arch.,1958, Bd 80,H.1, S.90-130) 1

Kleinsorge: Die steuerliche Begünstigung für Importwaren nach § 80 EStDV. (B, 1958, H.19, S.524-527)

Krollmann,H.: Berichtigungsveranlagungen - insbesondere nach einer Betriebsprüfung - und getrennte Ehegattenveranlagung.(BB,1958,H.14, S.514-516)

Lantau,K.H.: Die Wahl der Ehegattenbesteuerung in der Einkommensteuererklärung. (BB,1958, H.10, (Beil.), S.1-4)

Littmann,E.: Die Gewinne der Personengesellschaften in der Einkommensteuer.(B, 1958, H.21, S.580-583)

Marsilius,G.: Von der "Auslegung" der Steuergesetze. (Mbl.freiheitl.Wipol.,1958,H.5, S.283-285)

Matthies,H.: Steuerklasse bei getrennter Veranlagung der Ehegatten. (B, 1958, H.16, S.438-440)

Meyn,E.: Betrachtungen zur Preisentwicklung. (Betr.Verf.,1958,H.2, S.33-36)

Mönter,W.;H.Längsfeld: Die Einkommensteuer-Ergänzungsrichtlinien 1956/57. (B, 1958, H.14, S.376-384)

Müller,H.: Zur Problematik des Finanzausgleichs zwischen Oberstaat und Gliedstaaten im Bundesstaat. (AöR, 1958,Bd 83, H.1, S.25-43) 4

Oswald: Die neue Ehegattenbesteuerung. (JR,1957, H.12, S.443-445)

Rose,G.: Zur einkommensteuerlichen Behandlung ergänzungs- oder änderungsbedürftiger Verträge von Ehegatten-Gesellschaften.(B,1958, H.23, S.636-638)

Schönle,H.: Zur Ehegattenbesteuerung bei Mitarbeit der Ehefrau im Betrieb des Ehemannes. (BB,1958, H.11, S.407-411)

Streiber,H.: Der Streit um den Begriff der Sachgesamtheit im Einkommensteuerrecht. (B,1958, H.22, S.608-610)

Streit,E.: Einkommensteuerrechtliche Fragen bei der Abfassung von bäuerlichen Verträgen unter Berücksichtigung der neuen Ehegattenbesteuerung. (RdL, 1958, H.4, S.85-89)

Wacke, G.: Die Nichtigkeit der Zusatzsteuer. (NJW,1958, H.21,S.776-778)

Wilke,G.: Pensionsanwartschaften bei der Einheitsbewertung des Betriebsvermögens. (BB,1958, H.14, S.516-519)

Wilke,G.: Pensionsrückstellungen in der Ertragssteuerbilanz.(B,1958, H.18, S.494-498)

7.Strafrecht,Strafprozeß

Andenaes,J.: Strafzumessung. (ZStr, 1957, Bd 69,H.4,S.651-662)

Asúa,L.J.de: Bericht über das Strafrecht Lateinamerikas in den Jahren 1954 und 1955. (ZStr,1957, Bd 69,H.3, S.482-498)

Baumann,J.: Die natürliche Wortbedeutung als Auslegungsgrenze im Strafrecht. (MDR, 1958,H.6, S.394-396) 1

Baumann,J.: Mittelbare Täterschaft oder Anstiftung bei Fehlvorstellungen über den Tatmittler? (JZ, 1958, H.8, S.230-235)

Bertling,G.: Intensivierung der Bekämpfung von Vergehen gegen das Kreditwesengesetz. (Krim.,1958, H.5, S.179-180)

Brückner,G.: Untersuchungen über die Rückfallprognose bei chronischen Vermögensverbrechern. (MschrKrim,1958,H.3/4, S.93-100)

Cuelenaere,A.: Sabotage und Kriminalistik. (IKPR, 1957,H.105,S.34-40) 8

Donati,A.: Unterschiedliche Kriminalität in Oberitalien.(IKPR,1957, H.104, S.10-13)

Friedländer,W.: Zur Frage der Voraussagbarkeit des Bewährungserfolges. (RdJ, 1958, H.11, S.161-163)

Geerds,F.: Zum Tatbestand der Hehlerei aus der Sicht des Kriminologen. (GAStr.,1958, H.5, S.129-142)

Greeff,E.de: Kriminologen und Polizeibeamte. (IKPR, 1957,H.107, S.98-105)

Gruhle,H.W.: Zeugenvernehmung. (MschrKrim,1958, H.3/4, S.100-102)

Güde,M.: Legalitätsprinzip und Rechtsstaat. (MDR,1958,H.5,S.285-287)

Hall,K.A.: Sicherungsverwahrung und Sicherungsstrafe.(ZStr.,1958, Bd 70, H.1, S.41-63)

Heinitz, E.: Der Entwurf des Allgemeinen Teils des Strafgesetzbuches vom kriminalpolitischen Standpunkt aus. (ZStr.,1958,Bd 70, H.1, S.1-24)

Honkasalo,B.: Die Entwicklung der Kriminalität in Finnland während der letzten Jahrzehnte. (ZStr.,1957, Bd 69, H.3, S.474-482)

Honoré,A.M.: Die Kausalitätslehre im anglo-amerikanischen Recht im Vergleich zum deutschen Recht. (ZStr.,1957,Bd 69,H.3, S.463-474)

Kaiser,G.: Die kriminalpolitische Bedeutung der "Halbstarken-Delikte". (Zbl.JugR, 1958,H.3/4, S.57-69)

Kaufmann,A.: Die Strafaussetzung zur Bewährung und das Verbot des reformatio in peius. (JZ, 1958, H.10,S.297-301)

Kaufmann,A.: Der dolus eventualis im Deliktsaufbau. (ZStr.,1958, Bd 70,H.1, S.64-86)

Klinghammer,D.: Zur Begutachtung der Aussage taubstummer Kinder und Jugendlicher, besonders in Sittlichkeitsprozessen.(MschrKrim,1958, H.3/4, S.76-92)

Knögel,W.: Jugend, Jugendrichter und Jugendkriminalität.(NJW,1958, H.17, S.609-612)

Leferenz,H.: Der Entwurf des Allgemeinen Teils eines Strafgesetzbuches in kriminologischer Sicht. (ZStr.,1958, Bd 70,H.1,S.25-40)

Leibinger,R.: Die ungarische Strafprozeßordnung.(ZStr.,1957,Bd 69, H.4, S.674-684)

Lüttger,H.: Ist § 90 a Absatz 3 StGB verfassungswidrig? (GAStr.,1958, H.6, S.181-191)

Luther,G.: Zur Nichtigkeit von Strafurteilen, insbesondere im Jugendrecht. (ZStr.,1958, Bd 70,H.1, S.87-104)

Mattil,F.: Zur Problematik des interlokalen Strafrechts.(GAStr.,1958, H.5, S.142-151)

Meyer,K.: Die Ablehnung von Beweisanträgen auf Anhörung weiterer Sachverständiger im Strafverfahren.(NJW,1958, H.17,S.616-619)

Middendorff,W.: Jugendliche Banden. (Betr.Begriff der Bande). (Krim.,1958, H.6, S.213-219)

Middendorff,W.: Mutter und Kind im Gefängnis. (RdJ,1958, H.9, S.134-136)

Nakamura,H.: Der Streitgegenstand im japanischen Strafprozeß. (ZStr.,1957,Bd 69, H.4, S.662-674)

Niceforo,A.: Temperaturschwankungen, Kriminalität und sonstige menschliche Reaktionen. (IKPR, 1957, H.108,S.130-136)

Oehler,D.: Das erfolgsqualifizierte Delikt als Gefährdungsdelikt. (ZStr.,1957, Bd 69,H.4, S.503-521)

Olivecrona,K.: Das moralische Problem der Strafgesetzgebung.(ZStr., 1957,Bd 69, H.3, S.397-411)

Peters,K.: Mehrere Schüsse bei einer Tötung.(GAStr.,1958, H.4,S.97-107)

Philippides,T.: Das griechische Strafgesetzbuch vom 1.1.1951. (ZStr.,1957, Bd 69,H.4, S.580-590)

Potrykus,G.: Einzelfragen aus dem Gebiete des Jugendstrafrechts. (Betr.Akteneinsicht).(RdJ, 1958,H.11, S.163-165)

Kabinett beschließt "Lex Soraya". Verstärkter Ehrenschutz für Staatsoberhäupter.(Betr. Pressefreiheit). (ZV u.ZV,1958, H.11,S.424-425)

Salm,K.: Zur Rechtsprechung des BGH über den strafbefreienden Irrtum. (ZStr.,1957, Bd 69,H.4, S.522-579)

Sax,W.: Dogmatische Streifzüge durch den Entwurf des Allgemeinen Teils eines Strafgesetzbuches nach den Beschlüssen der Großen Strafrechtskommission. (ZStr.,1957, Bd 69,H.3, S.412-440)

Schäffer,F.: Verstärkter Schutz der persönlichen Ehre. "Richtiger Ausgleich" zwischen Recht auf freie Meinungsäußerung der Presse und Schutz der Persönlichkeit.(ZV u.ZV,1958,H.8, S.225-228)

Schleyer,F.: Studien über das Delikt der gewalttätigen Kindesmißhandlung. (MschrKrim,1958, H.3/4, S.65-76)

Schmidhäuser, E.: Der Begriff des bedingten Vorsatzes in der neuesten Rechtsprechung des BGH und in § 16 Komm.Entw.StGB Allg.Teil 1958. (GAStr.,1958, H.6, S.161-181)

Schmidt,E.: Kriminalpolitische und strafrechtsdogmatische Probleme in der deutschen Strafrechtsreform. (ZStr.,1957, Bd 69,H.3,S.359-396)

Schnitzerling,M.: Zur Aburteilung von Schulversäumnissen durch den Jugendrichter. (RdJ, 1958,H.10, S.149-151)

Schnitzerling: Die Sonderstellung des Jugendlichen in der Verkehrssünderkartei. (Zbl.JugR, 1958,H.3/4, S.70-72)

Schwalm,G.: Zur Kasuistik der Mordmerkmale. (MDR, 1958,H.6, S.396-398)

Schweikert,H.: Zur Reform des Strafverfahrensrechts in Frankreich. (ZStr.,1957, Bd 69,H.4, S.684-700)

Verstärkter Schutz der persönlichen Ehre. (Schäffer über Pressefreiheit). (DRiZ,1958, H.5, S.140-142)

Siebert,C.: Bekämpfung von Kraftfahrzeug-Delikten. (Krim.,1958,H.5, S.181-184_

Spendel,G.: Der sogenannte Umkehrschluß aus § 59 StGB nach der subjektiven Versuchstheorie. (ZStr.,1957,Bd 69, H.3, S.441-459)

Spendel,G.: Paul Johann Anselm Feuerbach.(NJW,1958,H.22,S.815-817)

Stettner,H.: Die strafrechtliche Problematik der körperlichen Züchtigung.T.1. (RdJ,1958, H.11, S.169-172)

Der VII.Internationale Strafrechtskongreß in Athen. (ZStr.,1958,Bd 70, H.1, S.127-143)

Terrou,F.: Das Zeugnisverweigerungsrecht der Journalisten. (ZV u.ZV,1958,H.8, S.233-234)

Uecker,I.: Wert der Zeugenaussage des Kindes. (Krim.,1958, H.5, S. 172-176)

Vouin,R.: Kindesmord - Definition und Bekämpfung. (IKPR,1957,H.104, S.3-9)

8.Kriminalistik,Gerichtliche Medizin, Gerichtspsychiatrie,-psychologie

Deb,R.: Wie soll man Zeugen vernehmen? (IKPR,1957,H.111, S.264-267)

Engel,S.W.: Forensische Psychotherapie bei Jugendlichen und Heranwachsenden. (NJW, 1958,H.17, S.613-616) 7

Grassberger,R.: Die Ermittlung der Lage des Brandherdes.(T.1.2.) IKPR,1957,H.106, S.82-90; H.107, S.110-119)

Hilton,O.: Wie sind Unterschiedlichkeiten der Handschriften zu bewerten? (IKPR, 1957,H.105, S.48-51)

Kaiser,Ch.: Über die Unterbringung stark wirkender Gifte in Zähnen als Vorbereitung zum Selbstmord. (Arch.f.Krim.,1958, Bd 121, H.3/4, S.66-74)

Kiehne,K.: Beitrag zur Kriminologie der Prostitution.(Forts.u.Schluß) (Krim.,1958, H.5, S.194-197)

Littmann,J.: Versuch einer Begriffsumgrenzung der Psychopathie in der forensischen Psychiatrie. (Krim.,1958, H.5, S.177-179)

Martin,E.: Eine Arbeitsmethode zur Untersuchung und Vergleichung gefärbter Textilfasern. (T.1.2.) (IKPR,1957, H.108, S.137-145; H.109, S.166-169)

Martin,E.: Identifizierung von Kugelschreiberfarbstoffen.(IKPR,1958, H.114, S.18-23)

Michon,R.: Messung der Geschoßgeschwindigkeit. (IKPR,1957, H.109, S.170-172)

Ramseyer,A.: Alkoholnachweis durch Atemluft-Test als Vorprobe zur Blutentnahme. (Krim.,1958, H.6, S.225-228)

Das System der internationalen Rauschgiftkontrolle.(IKPR, 1957, H. 106, S.66-70) 8

Sprung,E.: Wie man Taschendiebe fängt. (Krim.,1958, H.6, S.219-223)

Steinwender,E.: Der daktyloskopische Identitätsnachweis.(Krim.,1958, H.5, S.186-194)

Sulimma,H.G.: Der Exhibitionismus als kriminologisches Problem. (Krim.,1958, H.6, S.230-232)

9.Gerichtsverfassung(einschließlich Justizverwaltung, Staatsanwaltschaft,Notariat und Anwaltschaft)

Bettermann,K.A.: Grundgesetz und Revisibilität. (JZ,1958,H.8, S.235-237) 4

Furtner: Mitwirkung von Richtern bei der Berufung von Richtern. (Betr. Richtergesetz). (DRiZ, 1958, H.5, S.127-131)

Günther,H.: Bedenken eines jüngeren Richters gegen die "Gedanken eines alten Richters" zur Frage des gesetzlichen Richters.(DRiZ,1958, H.5, S.138-140)

Hamann,A.: Bundesrechtsanwaltsordnung und Grundgesetz.(NJW, 1958,H.22, S.811-815) 4

Hartung,F.: Der gerichtliche Weg im Verwaltungssteuerstrafverfahren. (NJW, 1958, H.22, S.809-811) 6

Külz,H.R.: Einheit oder Gliederung der rechtsprechenden Gewalt? Ein Nachwort zum 42. Juristentag in Düsseldorf.(DÖV,1958,H.11/12, S.281-282)

Luetgebrune, H.A.: Die Mitwirkung des Rechtsanwalts bei der mündlichen Verhandlung. (NJW, 1958, H.23, S.858-859)

Nehlert,G.: Grundsätze des Rechtshilfeverkehrs mit dem Ausland in Zivilsachen. (JR, 1958, H.4, S.121-127) 10

Noelle-Neumann,E.;C.Schramm: Umfrageforschung in der Rechtspraxis. (Betr.Beweis). (GRUR, 1958, H.3, S.119-130)

Ostler,F.: Gesetzlicher Richter und willkürliche Entziehung.(JR,1957, H.12, S.454-455)

Zum 42.Deutschen Juristentag. (Betr. einheitliche Rechtspflege). (DVBl.,1958, H.8, S.273-275)

Der Bundesrat zum Entwurf eines Deutschen Richtergesetzes.(DRiZ,1958, H.5, S.125-127)

Tschischgale,M.: Die Verweisung an eine andere Gerichtsbarkeit. (DRiZ, 1958, H.6, S.165-166)

Wolff,G.: Friedensgerichte in England und den Vereinigten Staaten. (DRiZ,1958, H.5, S.131-135)

10.Zivilrecht

Brand,E.: Die Rechtsprechung des Schweizer Bundesgerichts auf dem Gebiete des Privatrechts 1954-1956..(RabelsZ, 1958,H.1,S.51-80)

Böhmer,E.: Verschuldenshaftung oder Verursachungshaftung? (MDR,1958, H.5, S.288-290)

Cartellieri,W.: Zu der Haftpflicht für Atomschäden und ihrer Versicherung.(Betrachtungen zum kommenden Bundesatomgesetz).(BB,1958, H.11, S.385-391) 5

Clauß,K.: Obliegenheitsverletzungen und Verwirkung im Versicherungsrecht. (DRiZ, 1958, H.6, S.171-173)

Coing: Wie ist die bindende Wirkung von Erbverträgen zu ermitteln? (NJW, 1958, H.19, S.689-692)

Dahm:Welche Räume haben Kündigungsschutz? (NJW, 1958, H.16, S.574-576)

Flessa,R.: Die auf den zahlenden Bürgern übergehende Forderung. (NJW, 1958, H.23,S.859-861)

Gasset,R.B.: Spanische Gesetzgebung und Rechtsprechung auf dem Gebiete des Zivilrechts 1951-1956. (RabelsZ, 1958, H.1, S.111-138)

Geilke,G.: Zur Rückwirkung des jugoslawischen Erbrechtsgesetzes 1955. (RabelsZ,1958, H.1, S.44-50)

Hampel,H.: Zur Pflichtteilsregelung bei der Beendigung der Zugewinngemeinschaft durch den Tod eines Ehegatten.(FamRZ, 1958,H.5, S.162-166)

Hirsch,E.: Die Gesetzgebung der Türkei auf dem Gebiete des Privatrechts 1939-1956. (RabelsZ, 1958,H.1, S.81-110)

Hollenberg,U.: Zur Auslegung des § 12 BMG. (ZMR, 1958,H.6,S.177-178)

Karger,A.: Reformen des bürgerlichen Rechts in Ecuador.(RabelsZ, 1957, H.3, S.524-531)

Kleinhoff: Der enteignungsgleiche Eingriff in der Rechtsprechung des Bundesgerichtshofs.(DRiZ, 1958, H.6, S.167-171) 4

Kürzel,O.: Ruhestörender Lärm im Hause.(Ansprüche der Hausbewohner). (BB,1958, H.16, S.579-580)

Leiss,L.: Gesellschaftsreisen und Reisegesellschaften.(JR, 1958,H.5, S.161-165)

Menge,R.: Der Kundenkredit im Radio- und Fernseheinzelhandel. T.2. (TW, 1958, H.3, S.70-76)

Müller,H.: Die Behandlung der verlorenen Baukostenzuschüsse bei vorzeitiger Beendigung des Mietverhältnisses. (NJW, 1958,H.16,S.571-574)

Rötelmann,W.: Erbhofeigenschaft und Hofeigenschaft (Vermutungen und Fiktionen). (MDR,1958, H.6, S.393-394)

Sasse,J.: Die Rechtsprechung des Bundesgerichtshofs zum Privatversicherungsrecht. (T.1.2.) (JZ, 1958, H.9, S.275-276; H.10,S.307-309)

Schäfer,S.: Zur Haftung für "Gelegenheitsdelikte" der Gehilfen. (RabelsZ, 1957, H.3, S.409-456)

Schopp,H.: Ergänzende Vertragsauslegung bei späterem Verlorengehen der Kenntnis von Vertragsbestimmungen. (MDR, 1958, H.5, S.291-292)

Schütz,W.: Die Konkurrenz zwischen dinglichen und obligatorischen Herausgabeansprüchen im Bankverkehr. (JR,1957,H.12, S,441-443)

Schwind,F.: Die österreichische Gesetzgebung auf dem Gebiete des Zivilrechts 1951-1956. (RabelsZ, 1957, H.4, S.644-667)

Stoll,H.: Außenwirkungen der Geschäftsführung ohne Auftrag im französischen Recht. (RabelsZ, 1957, H.3, S.457-492)

Uhlenbrock,H.: Die II. Berechnungsverordnung - Auswirkungen auf die Mietpreisbildung. (ZMR, 1958, H.5, S.145-148) 6

Zweigert,K.: Rechtsvergleichend-Kritisches zum gutgläubigen Mobiliarerwerb. (RabelsZ, 1958, H.1, S.1-20)

11.Urheber-und Erfinderrecht

Bußmann,K.;F.K.Beier: Soll in die Verbandsübereinkunft eine Definition der Marke aufgenommen werden? (GRUR Ausl.,1958,H.4,S.188-190)

Conradt,J.: Die Rechtsstellung des Patentamts. (GRUR,1958,H.3,S.110-115) 9

Croon,C.;R.van der Veen: Die Zulässigkeit von Gratislieferungen nach niederländischem Recht. (GRUR Ausl.,1958, H.4, S.173-176)

Derenberg, W.J.: Die Beurteilung von Gratislieferungen, insbesondere von Warenproben, in den USA. (GRUR Ausl.,1958, H.4,S.183-185)

Deutsch,E.: Der Schutz der angrenzenden Rechte in den USA. (GRUR Ausl.,1958, H.3, S.114-127)

Dick,O.: Verbesserung des gewerblichen Rechtsschutzes und Entlastung des Patentamts. (GRUR, 1958, H.4, S.156-161)

Filseck,M.von: Zuständigkeit der Gerichte auf dem Gebiet des gewerblichen Rechtsschutzes und Vollstreckbarkeit von im Lande des Schutzes erwirkten Urteilen am Wohnsitz des Beklagten. (GRUR Ausl.,1958, H.4, S.190-195) 2

Fischer,E.: Zur dritten Instanz im Erteilungsverfahren.(GRUR,1958, H.3, S.115-119) 2

Gamm,Frhr.von: Sequestration im gewerblichen Rechtsschutz und Urheberrecht.(GRUR, 1958, H.4, S.172-174)

Vorbereitende Dokumente des Internationalen Büros zum Schutze des gewerblichen Eigentums zur Lissabonner Konferenz.(GRUR Ausl.,1958, Sonderheft, S.1-112)

Goldbaum,W.: Simultanveröffentlichung - Römische Übereinkunft und Welturheberrechtsabkommen. (UFITA, 1958, Bd 25, H.7/8, S,414-420) 3

Groppler,B.: Wider den Urheberrechtsmonismus. (UFITA,1958,Bd 25, H.7/8, S.385-414)

Haeger,S.: Der Film als Gesamtwerk.(Forts.u.Schluß).(UFITA,1958, Bd 25, H.5/6, S.285-334)

Heine,H.G.: Zur Arbeitslage des Patentamts. (GRUR, 1958,H.3,S.105-109)

Henssler,E.: Die industrielle Formgestaltung im Spiegel des Rechts. (BB, 1958, H.15, S.529-534)

Hirsch-Ballin,E.D.: Gewisse, sogenannt an das Urheberrecht grenzende Rechte. (UFITA, 1958,Bd 25, H.56,S.257-278)

Honig,F.: Die Beurteilung von Gratislieferungen nach englischem Recht. (GRUR Ausl.,1958, H.4, S.185-186)

Peter,W.: Das österreichische Urheber- und Wettbewerbsrecht 1949-1953. (RabelsZ, 1957, H.3, S.498-511)

Reimer,D.: Die Gratislieferung nach deutschem Recht.(GRUR Ausl.,1958, H.4, S.159-169)

Richter,B.: Das Abkommen von Nizza über die internationale Klassifikation. (GRUR Ausl.,1958, H.3, S.102-111)

Roeber,G.: Dr.Ludwig Gieseke, Die heschichtliche Entwicklung des deutschen Urheberrechts.Göttingen 1957, 156 S. (Rez.)(UFITA, 1958, Bd 25, H.7/8, S.491-494)

Saint-Gal.Y.; J.Lassier: Die Beurteilung kostenloser Warenverteilungen nach französischem Recht. (GRUR Ausl.,1958, H.4, S.176-179)

Schönherr,F.: Die Änderung des österreichischen Patentschutz-Überleitungsgesetzes. (GRUR Ausl.,1958, H.3, S.99-102)

Schönherr,F.: Die immaterialgüterrechtlichen Bestimmungen des deutsch-österreichschen Vermögensvertrages.(NJW, 1958, H.23, S.853-855)

Schönherr,F.: Die Beurteilung von Gratislieferungen und-leistungen nach österreichischem Wettbewerbsrecht. (GRUR Ausl.,1958, H.4, S.169-172)

Seidl-Hohenveldern,I.: Die Belegenheit von Markenrechten im Falle der Konfiskation. (GRUR Ausl.,1958, H.3, S.112-113)

Sordelli,L.: Gratislieferungen von Waren und unlauterer Wettbewerb in Italien. (GRUR Ausl.,1958, H.4, S.179-183)

Winkler,H.: Zur Definition der Erfindungshöhe. (GRUR, 1958,H.4,S.153-155)

Witte,J.: Die Betriebserfindung. (GRUR, 1958,H.4, S.163-172)

12.Handelsrecht,Wertpapierrecht,Kartell-und Wettbewerbsrecht

Behrens,F.S.: Das Open-Price-System. (WRP,1958, H.4,S.105-111)

Benisch,W.: Entwicklung von Zusammenschlüssen und Kartellen in der Montanunion. (WuW,1958, H.4, S.226-229) 3

Benisch,W.: Kartellrechtliche Grenzen des Gemeinschaftvertriebs. (WuW,1958, H.5, S.269-280)

Büntig,H.: Die Übergangsregelung für wettbewerbsbeschränkende Verträge aus der Zeit vor dem 1.1.1958. (BB, 1958, H.14, S.506-507)

Catrice,R.L.: Augenblicklicher Stand der französischen Kartellgesetzgebung. (WuW,1958, H.5, S.285-295)

Coper,A.: Bußgeld- und Zuständigkeitsregelung im Kartellgesetz. (JR, 1958, H.1, S.4-8) 5

Ditges,H.: Der Stand der Verhandlungen über die Schaffung einer europäischen Freihandelszone. (Aussw.D.BB, 1958,H.5, S.88-90) 3

Fikentscher,W.: Zum Recht der Diskriminierung im Gesetz gegen Wettbewerbsbeschränkungen. (WuW, 1958, H.5, S.257-269)

Franzen,H.;M.Boekle: Kernfragen im Übergangsrecht der vertikalen Preisbindung. (WuW, 1958, H.4, S.195-208)

Gleiss,A.: Wettbewerbsbeschränkende Empfehlungen in der Kredit- und Versicherungswirtschaft. (BB,1958, H.12, S.431-433)

Godin,R.Frhr,von: Über das Scheckinkasso. (NJW,1958,H.23,S.856-858)

Godin,R.Frhr,von: Der angebliche Gewinnanspruch des Aktionärs nach § 52 AktG. (JR, 1958, H.4, S.138-140)

Kirschstein,F.: Die Form des Preisbindungsvertrages nach dem Gesetz gegen Wettbewerbsbeschränkungen. (WRP, 1958, H.5, S.129-131)

Kracht,F.: Preisempfehlungen für nicht-preisgebundene Markenartikel unzulässig? (BB,1958, H.13, S.461-467)

Kunze,O.;W.Spieker: Ersetzung ausscheidender Mitglieder des Aufsichtsrates der Aktiengesellschaft. (BB,1958, H.10, S.378-383)

Lewald,W.: Zur Spaltungstheorie. (Aussw.D.BB, 1958, H.5, S.86-88)

Löffler; Glaser: Erstreckt sich das "Kartellprivileg" der Markenfirmen und Verlagsunternehmen auch auf Preisempfehlungen? (B,1958,H.19, S.535-537)

Melcher,W.: Fragen zum Widerspruch der Kartellbehörde.(BB,1958,H.11, S.398-400)

Meyn,E.: Von der Gewerbefreiheit zum Kartellgesetz. (Gew.Mon.H.,1958, H.5, S.280-285)

Naumann:Der Prozeß um die Requisitionsentschädigung. (BB,1958,H.12, S.433-435)

Pinder,W.: Dürfen Wiederverkaufspreise durch ein Einzelunternehmen empfohlen werden? (NJW,1958, H.16, S.579-581)

Rasch,H.: Ausschließlichkeitsbindungen im Handelsvertreterrecht. (WuW, 1958, H.4, S.208-214)

Reinicke:Die neuere Rechtsprechung des Bundesgerichtshofs zum Wechsel und Scheckrecht. (B, 1958, H.14, S.390-392)

Rowedder,H.: Das Gesetz gegen Wettbewerbsbeschränkungen.T.3.(MDR,1958, H.6, S.384-388)

Schopp,H.: Die Schiedsklauseln in Gesellschaftsverträgen. (B,1958, H.21, S.591-594)

Schuler: Verantwortlichkeit und Haftung für Kartellverstöße. (NJW, 1958, H.16, S.569-571)

Seidl-Hohenveldern,I.: Gegen die Verketzerung der Spaltungstheorie. (Aussw.D.BB, 1958, H.4, S.66-69)

Sieg,K.: Die Versicherungsregelung in französischen CIF- und FOB-Verträgen. (Aussw.D.BB, 1958, H.5, S.90-92)

Sieg,K.: Vertrags- und Deliktshaftung gegenüber Dritten nach französischem Transportrecht. (RabelsZ, 1957, H.4, S.637-643)

Sölter, A.: Die Kartellverbotsinitiative in der Schweiz.(WuW,1958, H.4, S.218-226)

Storke,H.: Die Vorlageprovision im Güterfernverkehr.(BB, 1958,H.10, S.360-362)

Summerer,L.: Der kartell- und wettbewerbsrechtliche Tatbestand der ungleichen Behandlung von Kunden (Diskriminierung). (T.1.2.) (B, 1958, H.17, S.476-481; H.18, S.508-511)

Sundermann,E.: Die Provision des Versicherungsvertreters bei Nichtausführung des vermittelten Geschäftes. (BB, 1958,H.15,S.542-546)

Tiefenbacher,E.: Die Personengesellschaft und das neue eheliche Güterrecht.(BB, 1958,H.16, S.565-568) 14

Völp,F.: Syndikat und Kartellrecht. (WRP, 1958, H.4, S.97-101)

Westrick,K.: Aktienrechtliche Fragen bei der Abwicklung von Hauptversammlungen. (BB, 1958,H.11, S.395-397)

13.Landwirtschaftsrecht

Nordalm: Die Überspannung von landwirtschaftlichen Grundstücken mit Leitungsdrähten. (RdL, 1958,H.5, S.113-115)

14.Familienrecht

Bärmann,J.: Kritik am neuen Ehegüterrecht. (JZ,1958, H.8, S.225-230)

Cigoj,S.: Die Gleichstellung der ehelichen und unehelichen Kinder im jugoslawischen Recht. (RabelsZ, 1958, H.1, S.139-144)

Marcus,F.: Das neue dänische Adoptionsgesetz.(RabelsZ, 1957,H.3, S.512-524)

Massfeller: Güterrechtliche Fragen des Gleichberechtigungsgesetzes. (B, 1958, H.20, S.563-566)

Obermüller,W.: Einzelfragen der Geschäftspraxis zum Inkrafttreten des Gleichberechtigungsgesetzes. (BB,1958, H.15, S.535-537) 6,12

Pöschl: Das eheliche Güterrecht für die am 1.7.1958 bestehenden Ehen. (BB,1958, H.10, S.359-360)

Reinicke,D.: Zur Rechtsstellung des überlebenden Ehegatten im Güterstand der Zugewinngemeinschaft. (BB,1958, H.16, S.575-579) 10

Schnitzerling, M.: § 1666 BGB (Gefährdung des Kindeswohls) im Lichte der Rechtsprechung und des Gleichberechtigungsgesetzes.(RdJ,1958, H.9, S.131-134)

Schoeller,I.: Restitution of Conjugal Rights. (FamRZ, 1958,H.5,S.153-157)

Stehle: Bundeseinheitliche Unterhaltsformeln! (NJW, 1958, H.17,S.619-621)

Tiedau, E.: Zur Bedeutung des Inkrafttretens des neuen ehelichen Güterstandes der Zugewinngemeinschaft am 1.7.1958,insbesondere für die anwaltliche und notarielle Praxis. (MDR,1958, H.6, S. 377-384)

Webler, H.: Das neue Recht der außer der Ehe geborenen Kinder in Norwegen. (Zbl.JugR, 1958, H.3/4, S.72-75)

15.Zivilprozeß und Freiwillige Gerichtsbarkeit

Bonin,P.: Über die Wirkung außergerichtlicher Vereinbarungen auf den schwebenden Rechtsstreit. (JZ, 1958, H.9, S.268-272)

Büttner,S.: Zur unehelichen Vaterschaft. (ZZP, 1958, Bd 71,H.1/2, S.1-68)

Donau,H.: Zur Abänderbarkeit einstweiliger Anordnungen aus § 627 b ZPO. (MDR,1958, H.6, S.391-392)

Furtner,G.: Die gewillkürte Prozeßstandschaft.(JR,1958, H.2,S.50-52)

Gallois,H.: Die Änderungen der Kostenordnung, soweit sie für den Notar von besonderer Bedeutung sind. (JR,1958, H.2, S.41-45)

Gaul,H.F.: Einstweilige Unterhaltsregelung zugunsten des unehelichen Kindes während der Aussetzung des Unterhaltsprozesses analog §§ 940 ZPO, 1716 BGB? (FamRZ, 1958, H.5, S.157-162)

Glaser,H.: Vollstreckungsschutz des Räumungsmieters.(ZZP,1958,Bd 71, H.1/2, S.68-75)

Göppinger,H.: Zur Rechtslage, wenn nur eine Partei die Hauptsache für erledigt erklärt. (ZZP,1958,Bd 71, H.1/2, S.75-81)

Kosack,G.: Rückerstattung nach der Rückerstattungsanordnung(Berlin) im Grundbuchverfahren. (JR,1957, H.11, S.406-412)

Lent,F.: Die Entwicklung des Zivilprozeßrechts seit der Reform von 1924. (NJW, 1958, H.18, S.649-653)

Rassow,W.: Sitzungsprotokoll und Tonband. (NJW, 1958,H.18,S.653-655) 7

Ripfel: Das Pfändungspfandrecht am Erbteil. (NJW, 1958,H.19, S.692-694)

Tschischgale,M.: Wann kann nach dem neuen Kostenrecht der beurkundende Notar für die Stellung von Anträgen aus der Urkunde eine Gebühr verlangen? (JR, 1958, H.5, S.165-167)

Tschischgale,M.: Die weitere Beschwerde im neuen Kostenrecht (T.1.2.) (MDR, 1958,H.5, S.292-294; H.6, S.388-391)

16.Arbeitsrecht und Arbeitsgerichtliches Verfahren

Berger:Vergütung verbotener Mehrarbeit.(Betr.Verf.,1958, H.2,S.26-32)

Bischoff,H.A.: Das Krankengeld als Berechnungsgrundlage des Arbeitgeberzuschusses. (BB,1958, H.15, S.524-527) 17

Brumlop,K.: Sozialpartnerschaft aus internationaler Sicht.(Gew.Mon. H.,1958, H.6, S.348-351)

Butz,Die rechtlichen Auswirkungen einer Tariflohnerhöhung.(B, 1958, H.15, S.428-430)

Dersch,H.: Die neuere Entwicklung der Unternehmerhaftung bei Arbeitsunfällen. (BB,1958, H.13, S.488-491)

Dersch: Die Berechnung des Arbeitgeberzuschusses zum Krankengeld nach dem Gesetz vom 26. Juni 1957. (B, 1958, H.18, S.516-519) 17

Eichelhardt,H.: Kündigungsschutz der Angestellten und Arbeiter. (SKV, 1958, H.5, S.103-107) 5

Feller, H.: Die vertraglich zugesicherte Übernahme von Geldstrafen als Problem des Arbeitsrechts. (RdA, 1958, H.6, S.222-223)

Fischer: Zulassung der kontinuierlichen Arbeitsweise. (BB,1958, H.16, S.597-599)

Frey,E.: Zwei Probleme der Änderungskündigung. (ArbuR, 1958, H.4, S.97-104)

Galperin, H.: Der Wegfall der Geschäftsgrundlage im Arbeitsrecht. (Betr.Verf.,1958, H.3, S.41-46)

Gericke,K.: Der Vermittlungsauftrag arbeitsuchender Arbeitnehmer, (Soz.Sicherh.,1958, H.5, S.132-138) 5,10

Gericke,K.: Der Vermittlungsauftrag arbeitskräftesuchender Arbeitgeber. (Soz.Sicherh.,1958, H.6, S.164-170)

Gerlt,K.; G.Hampel: Zur "Rehabilitation". (Betr.Schwerbeschädigte). (Soz.Sicherh.,1958, H.6, S.170-175)

Goldschmidt,H.; H.Reichel: Bundesgebiet. (Berichtszeit vom 1.9.1957 bis 31.1.1958).(Arbeitsrechtliche Rundschau).(RdA, 1958,H.4, S.144-148)

Günther,H.: Wesen und Probleme der Schichtarbeit. (ArbuR, 1958,H.5, S.129-141)

Hilger,M.: Änderung und Aufhebung betriebseinheitlich geltender Arbeitsbedingungen. (BB,1958, H.11, S.417-419)

Jaerisch,G.: Aus der neueren Rechtsprechung des Bundesarbeitsgerichts. (JR, 1958, H.1, S.11-16; H.5, S.167-172)

Krause,E.: Grenzen der Berufsausbildung und der Ausbildungsberufe. (AG, 1958, H.9, S.290-294)

Küchenhoff,G.: Faktische Vertragsverhältnisse und faktische Arbeitsverhältnisse? (RdA, 1958, H.4, S.121-130)

Meyer,W.: Das Recht auf würdige Arbeitsbedingungen.(Gew.Mon.H.,1958, H.4, S.209-216) 4

Müller, G.: Die allgemeine Rechtsprechung des Bundesarbeitsgerichts zur außerordentlichen Kündigung. (B, 1958, H.22, S.628-630)

Müller,G.: Zum Problem der Teilkündigung beim Arbeitsverhältnis. (Betr.Verf.,1958, H.2, S.21-23)

Natzel: Streik und Betriebsrisiko. (B, 1958, H.20, S.572-573)

Neumann,D.: Probleme des Hausarbeitstagsrechts. (ArbuR, 1958,H.5, S.141-144)

Neumann,D.: Berechnung des Urlaubsgeldes. (B, 1958, H.17, S.487-489)

Ohlgardt, R.: Zur Auslegung und Verfassungsmäßigkeit des nordrhein-westfälischen Hausarbeitstagsgesetzes. (BB, 1958, H.15, S.561-563)

Rehhahn, H.: Die "irreale Vorgabeminute". (Betr.Akkord).(ArbuR, 1958, H.4, S.104-110)

Rewolle: Arbeitszeitordnung und 45-Stunden-Woche. (B, 1958, H.14, S.399-400)

Schmidt, G.: Dienst- und Arbeitsunfall bei Teilnahme am allgemeinen Verkehr. (JR, 1958, H.2, S.57-58)

Schnorr von Carolsfeld, L.: Probleme des internationalen Arbeitsrechts. (RdA, 1958, H.6, S.201-210) 18

Schregle, J.: Ausländische Arbeitsgesetzgebung. (4.Folge).(Malaiischer Staatenbund, Nord-Borneo, Pakistan, Philippinen, Sarawak, Saudi-Arabien, Singapur, Syrien, Thailand [Siam], Türkei, Vietnam, Ägypten, Belg.Besitzungen). (RdA, 1958, H.4, S.149-150; H.5, S.186-187; H.6, S.228-229)

Schröder: Die Mitwirkung des Betriebsrats bei der Kündigung von Arbeitnehmern nach der Rechtsprechung des BAG. (B, 1958, H.19, S.543-545)

Schweingruber, E.: Die Bedeutung des Schweizerischen Bundesgerichts für das Arbeitsrecht. (RdA, 1958, H.5, S. 169-175) 1

Siebert, W.: Grundgedanken der Betriebsverfassung. (RdA, 1958, H.5, S.161-169) 4

Siebert, W.: Erweiterung des Mitbestimmungsrechts des Betriebsrats durch Betriebsvereinbarung oder Tarifvertrag? (BB, 1958, H.12, S.421-424)

Der Bund Katholischer Unternehmer zur Sonntagsarbeit. (AG, 1958, H.10, S.319-320)

Stanzl, G.: Die Rechtsprechung des österreichischen Obersten Gerichtshofs zum Arbeitsrecht im Jahre 1956. (RdA, 1958, H.6, S.211-219)

Tamm, A.: Arbeitsvertrag oder Dienstleistungspflicht gemäß § 1617 BGB. (RdA, 1958, H.4, S.138-140)

Trieschmann, G.: Urlaub und Krankheit. (B, 1958, H.21, S.599-602)

Waechter, H.: Der arbeitsrechtliche Angestelltenbegriff. (B, 1958, H.16, S.457-458)

17. Sozialrecht, Sozialgerichtsbarkeit und Verfahren

Bund, Staat und Arbeitgeber in der Arbeitslosenunterstützung der USA. (AG, 1958, H.8, S.256-257)

Das sozialpolitische Programm des Bundesministers für Arbeit und Sozialordnung. (RdA, 1958, H.5, S.175-183) 16

Beuster, H.: Die Genehmigung und Zustimmung durch die Aufsichtsbehörde. (ZSR, 1958, H.4, Beil.Verwaltung u.Aufsicht, S.33-44)

Daubs,J.: Vorschläge für eine Reform der Kriegsopferversorgung. (T.1.2.)(Soz.Sicherh.,1958, H.4, S.101-103; H.5, S.140-143)

Glage,G.. Die Kriegsopferversorgung in Österreich. (ZSR, 1958, H.5, S.334-342)

Gotzen,O.: Die gesetzliche Krankenversicherung in den Niederlanden. (AG, 1958, H.11, S.358-361)

Gugel,W.von: Menschliche und institutionelle Gesichtspunkte zur Reform der Krankenversicherung. (ZSR, 1958, H.5, S.305-313)

Haueisen: Allgemeine Prozeßrechtslehren in der Rechtsprechung des Bundessozialgerichts. (DRiZ, 1958, H.6, S.160-165)

Hensen,H.: Der Sozialbeirat und seine Aufgabe. (ZSR, 1958, H.5, S. 297-305) 5

Jantz,K.: Sozialreform als Ausdruck moderner Sozialpolitik. (Int.Jb.Pol.,1956/57, H.5-6, S.14-18)

Jantz,K.: Schaffung einer neuen Sozialordnung - Leitgedanken zur Sozialreform. (ZSR, 1958, H.5, S.348-354)

Köhler,C.: Zur Neuregelung der Handwerkerversicherung.(Soz.Sicherh., 1958, H.4, S.111-113)

"Quartalsselbstbehalt" oder "Inanspruchnahmebeteiligung". (Betr. Reform der Krankenversicherung). (ZSR, 1958, H.4, S.279-282)

Krebs: Die Berücksichtigung des Berufes bei der Höhe der Minderung der Erwerbsfähigkeit in der gesetzlichen Unfallversicherung. (ZSR, 1958, H.5, S.327-334)

Laufer,H.: Die Sozialpolitik in der Bundesrepublik 1948-1957. (Int.Jb.Pol.,1956/57, H.5-6, S.40-46)

Mellwitz,A.: Das Verfahrensrecht der Sozialgerichtsbarkeit in der Rechtsprechung des Bundessozialgerichts. (JR, 1957,H.12,S.446-454)

Mellwitz: Berliner sozialrechtliche Bestimmungen und Grundgesetz in der Rechtsprechung des Bundessozialgerichts. (JR, 1958, H.4,S.135-138) 4

Nitsche,H.: Vorschläge des VdK Deutschlands zur Neuordnung der Kriegsopferversorgung mit Begründung.(ZSR,1958, H.4, S.286-289)

Odendahl, W.: Zur versicherungsrechtlichen Stellung der Hausgewerbetreibenden und Heimarbeiter. (ZSR, 1958, H.5,Beil."Verwaltung und Aufsicht", S.49-56)

Oeter, F.: Zur Problematik der Lohnfortzahlung und des Krankengeldes. (ZSR, 1958, H.4, S.233-239)

Pehl,G.: Rüstungspolitik auf Kosten der sozialen Sicherheit? (Soz.Sicherh.,1958, H.6, S.162-164) 6

Prange,P.: Gedanken zur Reform der sozialen Krankenversicherung. (ZSR, 1958, H.5, S.313-327)

Die Rentenreform - eine sozialpolitische Großtat. Die Debatte des Bundestages über die Rentenreform am 13.Februar 1958.(ZSR,1958,H.5, S.354-366)

Reuß,R.: Der Wohlfahrtsstaat. (JR, 1958, H.1, S.1-4) 4

Reymann,H.: Zur Kostenbeteiligung in der Krankenversicherung. (Soz.Sicherh.,1958, H.4, S.99-101)

Rodewald,B.: Reform der Krankenversicherung oder Sanierung der Kassenfinanzen? (Soz.Sicherh.,1958, H.5, S.139-140)

Salzmann,W.: Ein Jahr neugeregelter Renten. (Mbl.freiheitl.Wipol., 1958, H.5, S.278-282)

Scheerer,R.: Berufsunfähigkeit und Schutz des Schwerbeschädigtengesetzes. (ZSR, 1958,H.4, S.239-248)

18.Internationales Privatrecht

Boisserée,K.: Fragen des interlokalen und internationalen Privatrechts bei der Haftung für Schäden durch Atomanlagen.(NJW,1958,H.23, S.849-853)

Gold,J.: Das Währungsabkommen von Bretton Woods vom 22.7.1944 in der Rechtsprechung.T.2. (RabelsZ, 1957,H.4, S.601-636) 6

Markianos,D.: Die res in transitu im deutschen internationalen Privatrecht. (RabelsZ, 1958, H.1, S.21-43)

Trammer,H.: Über die sogenannten "einseitigen Normen" des Internationalen Privatrechts. (RabelsZ, 1957, H.3, S.401-408)

Wessels,H.: Einige Zweifelsfragen bei der Haftung des Luftfrachtführers für Handgepäck gemäß Warschauer Abkommen und deutschem Recht. (ZLR, 1958, H.2, S.209-216) 10

19.Juristische Ausbildungs-und Prüfungsfragen

Giese,F.: Fortbildung tut not! (JR, 1958,H.3, S.96-98)

Nicken,H.: Die Ausbildung des Referendars bei dem Zivilsenat des Oberlandesgerichts. (JZ, 1958, H.10, S.306-307)

20.Sonstiges

Daig,H.W.: Die Rechtsprechung des Gerichtshofes der Europäischen Gemeinschaft für Kohle und Stahl in den Jahren 1956 und 1957.(JZ,1958, H.8, S.238-241) 3

Müller,H.: Die Entwicklung des öffentlichen Rechts im Saarland im zweiten Halbjahr 1957. (DVBl.,1958, H.8, S.275-276)

C.18.(28.) VERZEICHNIS DER NEUERWERBUNGEN DER BIBLIOTHEK DES DEUTSCHEN INSTITUTS FÜR RECHTSWISSENSCHAFT 1)

1.ALLGEMEINES

1.Allgemeine und bibliographische Nachschlagewerke, Wörterbücher, Buch- und Bibliothekswesen

Institut des Sciences Juridiques de l'Académie Polonaise des Sciences. Bibliographie juridique polonaise 1944-1956. Warschau 1958. 136 S. IV Ea 21426

Boden,Ch.: Die Bibliothek der Hochschule für Verkehrswesen im ersten Jahrfünft ihrer Wirksamkeit. Dresden 1957. S.239-244 I Eb 884

La carta Rom o.J. 8 S. V Ea 14542

Current Law,Citator 1947-1956. Ed.J.Burke; C.Walsh; P.Allsop. London 1957. 794 S. V Ea 19872

Current Law.Year Book 1956. Being a complete statement of all the law of 1956 from Every Source and Master Vol.für 1952-1956. Ed.J.Burke; C.Walsh; P. Allsop. London 1957. ohne Seitenzählung (30 Bogen) V Ea 19873

Enzyklopädie Jugoslawiens, serb.:) Enciklopedija Jugoslavije.1.2. Zagreb 1955-56 2 Bde 1. A-Bosk. 1955. 708 S. 2.Bosna-Dio.1956. 716 S. IV Eb 1009

Ministerstvo kultury RSFSR. Gos.ordena Lenina biblioteka SSSR im B.I.Lenina. (Die europäischen Länder der Volksdemokratie auf dem Wege zum Sozialismus,Empfehlendes Literaturverzeichnis. russ.:) Evropejskie strany narodnoj demokratii na puti k socializmu. Rekomendatel'nyj ukazatel' literatury. Sost.L.I.Stepanova i S.V. Kazakov. Moskau 1956. 110 S. III Ea 21179

Machek,V.: (Etymologisches Wörterbuch d, tschech.u.slowakischen Sprache, tschech.:) Etymologický slovník jazyka českého a slovenského. Prag 1957. 627 S. IV Ea 19912

Noack,L.: Neues China. Eine empfehlende Bibliographie. Bearb. Leipzig 1957. 71 S. I Ea 19984

La scrittura. Rom o.J. 8 S. V Ea 14542

1) Die hier angezeigte Literatur ist gemäß der Benutzungsordnung der Bibliothek des Deutschen Instituts für Rechtswissenschaft, für die Mitglieder des Deutschen Instituts für Rechtswissenschaft, Ministerien und zentrale Institutionen der Deutschen Demokratischen Republik und nach der Leihverkehrsordnung der Bibliotheken ausleihfähig.-Verzeichnis 1-10 ist enthalten im Mitteilungsblatt des Deutschen Instituts für Rechtswissenschaft 1953, Nr 1- 1955, Nr 3.

Spaull,H.: The new ABC of civics. A dictionary of terms used in connection with parliament, local authorities, courts of law, diplomacy and the United Nations. London 1957. 127 S. V Ea 19937

Állam - és Jogtudományi Intézet. (Staats-und rechtswissenschaftliche Bibliographie 1945-1951, ungar.:) Állam - és jogtudományi bibliográfi. 1945-1951. Budapest 1957. 243 S. IV Ea 16035

La stampa. Rom o.J. 8 S. V Ea 14542

Stichwort- und Titelverzeichnis wichtiger, für die Forstwirtschaft geltender Rechtsnormen. Aufgst.im Inst.f.Forstl.Wirtschaftslehre d. Forstwirtschaftl.Fak. Eberswalde u.in d.Abt.Wirtschaftskunde d.Inst. f.Forstwissenschaften Eberswalde. Eberswalde 1956. 93 S.I Ea 21126

Tompkins,D.C.: Loyalty-security Programs for federal employees. A select.bibliography. Compiled. Berkeley 1955. 69 S. V Ea 19543

Who's Who in France. Paris. Recueil de notices biographiques par J.Lafitte et St.Taylor. 1953-54. Paris 1954. 999 S. V Ea 23083

Wörterbuch der Medizin. Hrsg.von M.Zetkin, H.Schaldach. Berlin 1956. 1008 S. I Ea 19780

Verzeichnis der hauptberuflich geleiteten allgemeinen öffentlichen Bibliotheken der Deutschen Demokratischen Republik. Mit e.Anh.: Gesetzl.Bestimmgn f.d.Arbeit d.Bibliotheken. Berlin 1955. 224 S. I Ea 20447

2.Biographien

Flügge,H.: Fritz Erler. München,Köln 1957. 47 S. II Ea 19974

Giuseppe Garibaldi. Rom o.J. 8 S. V Ea 14542

Schröder, D.: Erich Ollenhauer. München, Köln 1957. 47 S. II Ea 19975

3.Philosophie, Soziologie

Altpeter,W.: Zeichen der Zeit. Kritik am modernen Menschen. 33 Aufs. aus d.Reform -Rundschau. Frankfurt a.M. 1956. 126 S. II Ea 19358

Bethmann,J.P.: Mehr Mut zur Freiheit. Köln 1957. 4 Bl. II Eb 97

Bläsch,H.: Führungsnachwuchs - eine Frage der Persönlichkeit. Köln 1956. 4 Bl. II Eb 97

Cattepoel,D.: Wirtschaftliche und menschliche Bindungen im Betrieb. Köln 1956. 4 Bl. II Eb 97

Christlicher Glaube und politische Entscheidung. Eine Vortragsreihe d.Arbeitsgemeinschaft Sozialdemokratischer Akademiker München. München 1957. 164 S. II Ea 19736

Clough,S.B.: Kultur und Wirtschaft, Der Anteil d.ökonom.Faktors am Steigen u.Sinken d.Kultur. Frankfurt/M. Wien 1954. 292 S. II Ea 19970

Cole,G.D.H.: Studies in class structure London 1955. 195 S. V Ea 18714

Collonge,A.: Die Kirche und das Proletariat. Das Drama d.franz.Arbeiterpriester. Darmstadt 1958. 119 S. II Ea 19871

Nochmals über die historischen Erfahrungen der Diktatur des Proletariats. Art.aus d. Ztg "Schenminschipao" v.29.12.1956. Moskau 1957. 47 S. II Ea 19902

Dubin, R.: Human Relations in administration. The sociology of organization with readings and cases. Englewood Cliffs 1956. 573 S. V Ea 19560

Einsiedel,A.von: Ideen. Eingel.,mit Anm.vers.u.nach J.G.Herders Abschriften in Ausw.hrsg.von W.Dobbek. Berlin 1957. 277 S. I Ea 19911

Faßbender,S.: Die Führungskräfte im Unternehmen. Gedanken zu ihrer Gliederung u.ihrer überbetriebl. Weiterbildung. Essen 1957. 84 S. II Ea 19976

Frolov,K.: (Der Klassenkampf in der UdSSR in der Übergangsperiode vom Kapitalismus zum Sozialismus, russ.:) Klassovaja bor'ba v SSSR v perechodnyj period ot kapitalizma k socializmu. Moskau 1957. 37 S. III Ea 20064

Geck, L.H.A.: Soziale Betriebsführung. Zugl. Einf.in d.betriebl. Sozialpolitik. 2.erw.Aufl. Essen 1953. 307 S. II Ea 19829

Heyden,G.: Kritik der deutschen Geopolitik. Wesen u.soziale Funktion e.reaktionären soziolog.Schule. Berlin 1958. 283 S. I Ea 19897

Infield,H.F.: Utopia und Experiment. Genossenschaft u.Gemeinschaft im Lichte d.Experimentellen Soziologie. Göttingen 1956. 295 S. II Ea 23039

Köppert, W.;H.Richter: Die Interessen der Arbeiterklasse wahren, den Revisionismus bekämpfen. Berlin 1957. 44 S. I Ea 19987

Kšibekov,D.: (Über die Bai-feudalen Überreste und deren Überwältigung, russ.:) O feodal'no-bajskich perežitkach i ich preodolenii. Alma-Ata 1957. 72 S. III Ea 19730

Landmann,M.: Das Zeitalter als Schicksal. Die geistesgeschichtl. Kategorie d. Epoche. Basel 1956. 104 S. V Ea 19967

Lauer, H.E.: Geschichte als Stufengang der Menschwerdung. Ein Beitr. zu e.Geschichtswiss. auf geisteswiss.Grundlage. Bd 2: Die Wiederverkörperung des Menschen als Lebensgesetz der Geschichte. Freiburg i.Br. 1958. 246 S. II Ea 17251

Lenin,V.I.: (Über kommunistische Erziehung, russ.:) O kommunističeskom vospitanii. Moskau 1957. 117 S. III Ea 19906

Lilje,H.: Die christlichen Grundlagen der Wirtschaftsgesinnung. Köln 1957. 4 Bl. II Eb 97

Litt,Th.: Technischer Fortschritt und menschliche Freiheit. Köln 1957. 4 Bl. II Eb 97

Marx, K.;F.Engels : (Ausgewählte Werke, poln.:) Marks,K.;F.Engels, Dzieła wybrane. T.1.2. Warschau 1949. 2 Bde Bd 1. 644 S.Bd 2.515 S. IV Ea 19852

Marxismusstudien. Beitr.von H.Bollnow u.a. mit e.Vorw.von E.Metzke. Tübingen 1954. 243 S. II Ea 19972

Mitterer, A.: Die Entwicklungslehre Augustins im Vergleich mit dem Weltbild des Hl.Thomas von Aquin und dem der Gegenwart. Wien,Freiburg 1956. 346 S. V Ea 19880

Mühlmann,W.E.: Mahatma Gandhi. Der Mann, sein Werk u.seine Wirkung. Eine Unters. z.Religionssoziologie u.polit.Ethik. Tübingen 1950. 298 S. II Ea 19942

Müller-Haccius, O.: Die deutsche Jugend in der sozialen Ordnung. Köln 1956. 4 Bl. II Eb 97

Muszkat,M.: (Die amerikanische imperialistische Ideologie als Fortsetzung des Hitlerismus, poln.:) Ideologia amerykańskiego imperializmu - ciagdalszy hitleryzmu. Warschau 1950. 18 S. IV Ea 12280

Niebuhr,R.: Christlicher Realismus und politische Probleme. Stuttgart 1956. 166 S. II Ea 19203

Oschilewski,W.G.: Briefe der Menschlichkeit. Ausgew. 2.Aufl. Berlin 1957. 77 S. II Ea 19190

Pareto,V.: Allgemeine Soziologie. Ausgew.,eingel.u.übers.von C.Brinkmann, bes.von H.W.Gerhard. Tübingen 1955. 263 S.II Ea 19932

Paulssen,H.C.: Die soziale Ordnung in Gegenwart und Zukunft. Köln 1956. 4 Bl. II Eb 97

Reigrotzki,E.: Soziale Verflechtungen in der Bundesrepublik. Elemente d.sozialen Teilnahme in Kirche, Politik, Organisationen u. Freizeit. Tübingen 1956. 302 S. II Ea 19063

Sinclair,W.A.: Socialism and the individual. Notes on joining the Labour Party. London 1955. 168 S. V Ea 19633

Our Aim is Socialism. The Communist Party an introductory course. London 1955. 21 S. V Ea 19691

Stavenhagen,K.: Person und Persönlichkeit. Untersuchg z.Anthropologie u.Ethik. Aus d.Nachl.hrsg.von H.Delius. Göttingen 1957. 309 S. II Ea 19314

Taepper,R.: Das Ende des Fortschritts. Konservative Perspektiven. Göttingen 1956. 119 S. II Ea 19212

Tautscher,A.: Wirtschaftsethik. (Hdb.d.Moraltheologie. Bd 11) München 1957. 264 S. II Ea 19802

Veit,O.: Soziologie der Freiheit. Vollst.Neubearb. von Die Flucht vor der Freiheit. Frankfurt a.M. 1957. 275 S. II Ea 19801

Verhandlungen des 8.Deutschen Soziologentages vom 19.-21.9.1946 in Frankfurt a.M. Vorträge u.Diskussionen in d.Hauptversammlg u.in d. Sitzungen d.Untergruppen. Tübingen 1948. 204 S. II Ea 19930

Wesemann,H.O.: Das gesellschaftspolitische Profil des Unternehmers. Köln 1957. 4 Bl. II Eb 97

4.Wirtschaftswissenschaft

Bačurin,A.: (Der ökonomische Inhalt des Haushalts im Sozialismus, russ.:) Ekonomičeskoe soderžanie bjudžeta pri socializme. Moskau 1957. 182 S. III Ea 19731

Bloch,M.: (Die Charakterzüge der französischen Agrargeschichte, russ.:) Blok, M., Charakternye čerty francuzskoj agrarnoj istorii. Moskau 1957. 313 S. III Ea 19846

Eucken,W.: Grundsätze der Wirtschaftspolitik. Hrsg.von E.Eucken u. K.P.Hensel.2., unveränd. Aufl. Tübingen 1955. 396 S. II Ea 19671

Foreign Capital in Latin America. [Hrsg.:] United Nations Departm. of Economic and Social Affairs. E/CN.12/360. ST/ECA/28. New York 1955. 164 S. V Eb 919

Frauendorfer,S.von: Ideengeschichte der Agrarwirtschaft und Agrarpolitik im deutschen Sprachgebiet. Bd 1. Von den Anfängen bis zum 1. Weltkrieg. Bonn, München, Wien 1957. 580 S. II Ea 23046

Fülle,H.: Die Materialversorgung der zentralgeleiteten volkseigenen Industrie in der Deutschen Demokratischen Republik. Berlin 1958. 188 S. I Ea 19998

Goll,Bilanzen und Profite. Leitfaden f.d.externe Analyse d.Jahresabschlüsse westdt.Aktienges. Berlin 1958. 239 S. I Ea 19778

Hellwig,F.: Über Theorie und Praxis in der Wirtschaftspolitik. Köln 1957. 5 Bl. II Eb 97

Herrde,E.;O.Kuhn: Grundlagen der Statistik für Wirtschaftler. 2.,verb.Aufl. 490 S. I Ea 19859

Jastrzębowski,W.; J.Jaworski;J.Wesołowski: (Die Reklame im Handel. Ein Ratgeber, poln.:) Reklama handlowa. Poradnik. Warschau 1956. 234 S. IV Ea 19949

Kalweit,W.: Über die Ursachen der Preissteigerungen im modernen Kapitalismus. Berlin 1958. 140 S. I Ea 19789

Knauthe,E.: Ökonomischer Nutzen und Finanzierung von Investitionen in der volkseigenen Industrie. Berlin 1958. 206 S. I Ea 19849

König,E.: Die deutsche Sozialdemokratie und die aufkommenden Wirtschaftsmonopole. Berlin 1958. 282 S. I Ea 19860

Lovrenović,St.: (Die Wirtschaftspolitik Jugoslawiens, sloven.:) Ekonomska politika Jugoslavije. Sarajevo 1956. 342 S. IV Ea 12409

Pičugin,B.M.: (Japan. Ökonomie und Außenhandel, russ.:) Japonija. Ekonomika i vnešnajaja torgovlja. Moskau 1957. 214 S.III Ea 19636

Różański,H.: (Die internationalen wirtschaftlichen Verhältnisse eines neuen Typs, poln.:) Miedzynarodowe stosunki gospodarcze nowego typu. Warschau 1950. 34 S. IV Ea 21413

Sladkovskij,M.I.: (Abriß der wirtschaftlichen Beziehungen der UdSSR zu China, russ.:) Očerki ekonomičeskich otnošenij SSSR s.Kitaem. Moskau 1957. 454 S. III Ea 19732

Winschuh,J.: Der Volks- und Betriebswirt als Unternehmer. Baden-Baden, Frankfurt/M. 1957. 49 S. II Ea 19922

5.Geschichte

Beygang,F.;A.Börner: Leitfaden zur Geschichte Rußlands. Für d.Fernstudium verf. T.1.2. Berlin 1957. 2 Bde I Ea 19893

Bittighöfer,B.: Zur Strategie und Taktik der bolschewistischen Partei in der Periode der Vorbereitung der Großen Sozialistischen Oktoberrevolution. Berlin 1958. 91 S. I Ea 19615

Bracher,K.D.: Die Auflösung der Weimarer Republik. Eine Studie zum Problem d.Machtverfalls in d.Demokratie. Mit e,Einl.v.H.Herzfeld. 2.,verb.u.erw.Aufl. Stuttgart, Düsseldorf 1957. 797 S. II Ea 19834

Dimitroff,G.: Ausgewählte Schriften. Bd 2. 1921-1935. Berlin 1958. 719 S. I Ea 14546

Donath,F.: Lenin in Leipzig. Berlin 1958. 30 S. I Ea 19792

Unter der roten Fahne. Erinnergn alter Genossen. Berlin 1958. 331 S. I Ea 19896

Eyck,E.: Geschichte der Weimarer Republik. 2.Aufl. Bd 1.Vom Zusammenbruch d.Kaisertums bis zur Wahl Hindenburgs. Erlenbach-Zürich, Stuttgart 1957. 468 S. V Ea 18636

Fedorov,K.G.: (Das AZEK in den ersten Jahren der Sowjetmacht,russ.:) VZIK v pervye gody sovetskoj vlasti 1917-1922 gg. Moskau 1957.168 S. III Ea 21145

Gerber,T.E.von: Über die Gründung Lübecks und den mittelalterlichen Adel im Staate Lübeck. Bonn 1956. 32 S. II Ea 19923

Geschichte des Mittelalters. Bd 1. Red.Bearb.J.A.Kosminski u.S.D. Skaskin. Berlin 1958. 611 S. I Ea 19989

Grekow,B.D.: Die Bauern in der Rus von den ältesten Zeiten bis zum 17. Jahrhundert. Bd 1. Berlin 1958. 539 S. I Ea 19993

Habedank,H.: Zur Geschichte des Hamburger Aufstandes 1923. Berlin 1958. 215 S. I Ea 19862

Herrnstadt, R.: Die erste Verschwörung gegen das internationale Proletariat. Zur Gesch.d.Kölner Kommunistenprozesses 1852. Berlin 1958. 429 S. II Ea 19795

Hirsch,K.: SS gestern, heute und ... Frankfurt/M. 1957. 109 S. II Ea 19916

Hölzle, E.: Lenin 1917. Die Geburt d.Revolution aus d.Kriege. München 1957. 96 S. II Ea 19920

Kuricyn,V.M.: (Die staatliche Zusammenarbeit zwischen der Ukrainischen SSR und der RSFSR in den Jahren 1917-1922, russ.:) Gosudarstvennoe sotrudničestvo meždu Ukrainskoj SSR i RSFSR v 1917-1922 gg. Moskau 1957. 158 S. III Ea 19856

Lampert von Hersfeld:Annalen. Neu übers.von A.Schmidt.Erl.von W.D.Fritz. Berlin 1958. 448 S. I Ea 19847

Lenin,V.I.: (Über die internationale kommunistische Arbeiterbewegung, russ.:) O meždunarodnom rabočem kommunističeskom dviženii. Moskau 1958. 351 S. III Ea 19909

Lütge,F.: Die mitteldeutsche Grundherrschaft und ihre Auflösung. 2.,stark erw.Aufl. Stuttgart 1957. 317 S. II Ea 19783

Maslov,I.I.: (Der Kampf der KPdSU gegen die Leninfeindlichen Gruppierungen, für den Aufbau des Sozialismus in der UdSSR, russ.:) Bor'ba KPSS protiv antileninskich gruppirovok,za postpoenie socializma v SSSR < 1925-1927 gg.> Moskau 1957. 47 S. III Ea 16836

Mitin,M.B.: (Die internationale Bedeutung der Großen Sozialistischen Oktoberrevolution, russ.:) Meždunarodnoe značenie velikoj oktjabr'skoj socialističeskoj revoljucii. Moskau 1957. 31 S. III Ea 20321

Močul'skij,N.F.: (England in den Jahren 1934-1937, russ.:) Anglija v 1934-1937 godach. Lekcii, pročitannye na istoričeskom fakul'tete Moskovskogo Universiteta. Moskau 1957. 103 S. III Ea 19953

Nadtočeev,D.I.: (Der Gegenstand der Geschichte der KPdSU als Wissenschaft, russ.:) O predmete istorii KPSS kak nauki. Moskau 1957. 23 S. III Ea 20319

(Die Partei der Bolschewiki im Kampfe um die sozialistische Industrialisierung des Landes, russ.:) Partija bol'ševikov v bor'be za socialističeskuju industrializaciju strany. Moskau 1959. 142 S. III Ea 20354

Ranowitsch,A.B.: Der Hellenismus und seine geschichtliche Rolle. In dt.Sprache hrsg.von K.Diesing. Berlin 1958. 338 S. I Ea 23057

Reed,J.: Zehn Tage, die die Welt erschütterten. Mit e.Vorw.von N.K.Krupskaja. Berlin 1957. 516 S. I Ea 18995

Renner,K.: Österreich von der Ersten zur Zweiten Republik. Wien 1953. 282 S. V Ea 19309

Schäfer,W.: NSDAP. Entwicklg u.Struktur d.Staatspartei d.Dritten Reiches. Hannover,Frankfurt/M. 1957. 100 S. II Ea 19699

Polska Akademia Nauk.(Schlesische Urbare. Bd 1: Die Urbare der Schloßgüter Oppeln und Ratibor aus den Jahren 1566 und 1567, poln.:) Urbarze Śląskie. Tom 1: Urbarze dóbr zamkowych Opolsko-Raciborskich z lat 1566 i 1567. Pod.red.J.Gierowski; R.Heck;J.Leszyński. Breslau 1956. 276 S. IV Ea 19594

Schmidt,W.A.: Damit Deutschland lebe. Ein Quellenwerk über d.dt. antifaschist.Widerstandskampf 1933-1945. Berlin 1958. 759 S. I Ea 19904

Seregin,V.P.;P.P.Andreev: (Die Niederwerfung deutsch-faschistischer Truppen bei Moskau, russ.:) Razgrom nemecko-fašistskich vojsk pod Moskvoj. Moskau 1957. 38 S. III Ea 16940

(Die Tage des Oktober. Sammlung von Erinnerungen der Teilnehmer der Oktoberrevolution, russ.:) V dni oktjabrja. Sbornik vospominanij učastnikov oktjabr'skoj revoljucii. Moskau 1957.214 S.III Ea 20317

Thietmar von Merseburg: Chronik. Neu übertr.u.erl.v.W.Trillmich. Berlin 1958. 516 S. I Ea 19900

Ugrjumov,A.L.: (Die bolschewistische Partei zur Zeit der ersten russischen Revolution, russ.:) Partija bol'ševikov v period pervoj russkoj revoljucii < 1905-1907 gg.>. Moskau 1957. 123 S. III Ea 19436

Die Urkunden Heinrichs des Löwen,Herzogs von Sachsen und Bayern. Bearb.von K.Jordan. Stuttgart 1957. 192 S. II Eb 903

Vasin,I.N.: (Die Vorbereitung und Durchführung der Oktoberrevolution in Moskau, russ.:) Podgotovka i provedenie oktjabr'skoj revoljucii v Moskve. Moskau 1957. 47 S. III Ea 20320

6.Politik

Ausschuß für Deutsche Einheit. Information. Atomare Aufrüstung der Bundeswehr bürdet den westdeutschen Werktätigen neue Milliardenlasten auf. Berlin 1958. 6 S. I Eb 500

Ausschuß für Deutsche Einheit. Information. Aufrüstung treibt die Preise hoch. Berlin 1958. 11 S. I Eb 500

Erklärung der Beratung von Vertretern der kommunistischen und Arbeiterparteien der sozialistischen Länder,die vom 14.bis 16.November 1957 in Moskau stattfand. Beschluß der 34.Tagung des ZK der SED zu den Ergebnissen der Beratungen der kommunistischen und Arbeiterparteien anläßlich des 40.Jahrestages der Großen Sozialistischen Oktoberrevolution. Berlin 1957. 32 S. I Ea 19588

Ausschuß für Deutsche Einheit. Information. Wo sitzen die Feinde des gesamtdeutschen Sports. Berlin 1958. 10 S. I Eb 500

Forging the weapon. A handbook for members of the Communist Party. London 1955. 30 S. V Ea 19690

The Communist Party. 24th National Congress. Report of the Executive Committee. Covering theperiod Jan.1954- Dez.1955. London 1956. 19 S. V Ea 19556

Jaworznicki, B.: (Der Kampf gegen den Faschismus in Frankreich,poln.:) Walka z faszyzmem we Francji. Warschau 1950. 30 S. IV Ea 21412

Ausschuß für Deutsche Einheit. Information. 800 DM.Pension für Massenmörder Lautz. Berlin 1958. 3 S. I Eb 500

Pollitt,H.;J.Gollan;G.Matthews: The People will decide. Speeches at the 24th National Congress of the Communist Party. London 1956. 55 S. V Ea 19689

Resolutions and proceedings. 24th National Congress of the Communist Party 1956. London 1956. 19 S. V Ea 19688

II.RECHTSWISSENSCHAFT

1.Gesetzesmaterialien und Dokumente (auch Verfassungen und Kurzkommentare)

Ambrosius,W.;G.Fischer: Wohnungsrecht in Nordrhein-Westfalen. Komm. Stuttgart 1957. 303 S. II Ea 19822

Anglo-american financial and commercial Agreements. Documents. Washington 1945. 12 S. V Ea 12608

(Bandung. Konferenz der Länder Asiens und Afrikas < 17.-24.4.1955 >. Dok.u.Mat., poln.:) Bandung Konferencja krajów Azji i Afryki < 18-24 kwietnia 1955 g.>. Dok.i.mat. Warschau 1955. 256 S. IV Ea 21084

Kommentar zum Betriebsverfassungsgesetz. Von H.Galperin u.W.Siebert. 3.,neubearb.u.erw.Aufl. Heidelberg 1958. 749 S. II Ea 23059

Petits Codes Dalloz. Code administratif. Avec le concours de J.Rondepierre. 5 me éd. Paris 1958. 969 S. V Ea 23088

Petits Codes Dalloz. Code de commerce suivi des lois commerciales et industrielles. Avec annot. d'après la doctrine et la jurisprudence. Et renvois aux publ. Dalloz. 54 me éd. Paris 1958. 963 S. V Ea 23087

Petits Codes Dalloz. Code du travail. < Textes codifiés et textes annexes.> 29 me éd. Paris 1957. 828 S. V Ea 23089

United Nations. Commission on Human Right. Report of the 12th session, 5-29 March 1956 Economic and social council official records 22 nd session. Suppl. No 3.New York 1956. 28 S. V Eb 494

United Nations. Commission on the Status of Women. Report of the 10th session. 12-29 March 1956. Economic and social council official records: 22 nd session. Suppl.No.4. New York 1956. 21 S. V Eb 493

United Nations. Report of the Committee on international criminal jurisdiction on its sessi held from 1 to 31 August 1951. General Assembly. Official records: 7 th session. Suppl. No.11(A/2136) New York 1952. 25 S. V Eb 862

United Nations. Conference on the status of stateless persons. Held at New York from 13-23 sept.1954. Final Act anconvention relating to the status of stateless persons. E/Conf.17/5/Rev.1 [Engl., franz.u.span.Text] New York 1956. getr.Pag. V Eb 918

United Nations. Dep.of Ec.and.Soc.Affairs. Convention on the political rights of women. History and commentary. New York 1955. 46 S. V Ea 19371

Criminal Justice Administration Act. 1956. 4 & 5 Eliz.2.Ch.34 London 1956. 23 S. V Ea 19813

Davies,D.H.M.: The Copyright Act 1956. London 1957.135 S. V Ea 19875

Entwurf des Allgemeinen Teils eines Strafgesetzbuchs nach den Beschlüssen der Großen Strafrechtskommission in erster Lesung < abgeschlossen im Dezember 1956 > mit Begründung. Veröff.vom Bundesmin. d.Justiz. Bonn 1958. 126 S. II Eb 916

Internationaler Fernmeldevertrag Buenos Aires 1952, mit dt.Übers. Bonn 1955. 114 S. II Eb 906

(Friedensvertrag mit Finnland, abgeschl.u.unterzeichn.in Paris am 10.2.1947, serb.:) Ugovor o miru sa Finskom, zakl'učen i potpisan u Parizu 10 februara 1947 godine izmed'u sila sayezničkich i udruženich i Finske.[Serb.,engl.u.franz.Text]Belgrad 1949. 71 S. IV Eb 816

Friedensvertrag mit Rumänien, abgeschl.u.unterzeichn.in Paris am 10. 2.1947, serb.:) Ugovor o miru sa Rumunijom, zakl'učen i potpisan u Parizu 10 februara 1947 godine izmed'u sila savezničkich i udruženich i Rumunije. [Serb.,engl.u.franz.Text] Belgrad 1949. 83 S.
IV Eb 814

(Geschichte der sowjetischen Verfassung < in Dokumenten > 1917-1956, [Mit Nachtrag f.Febr.1957] russ.:) Istorija sovetskoj konstitucii < v dokumentach > 1917-1956. Moskau 1957. 1045 S. mit Suppl.
III Ea 14275

Gesetz gegen Wettbewerbsbeschränkungen. Textausg.mit Verw.,weiteren Ges.u.Mat.bearb.von K.H.Biedenkopf u.E.Steindorff. Heidelberg 1957. 216 S.
II Ea 19884

Gleichberechtigungsgesetz. Komm.von H.Krüger, E.Breetzke,K.Nowack. München, Berlin 1958. 854 S.
II Ea 23045

United Nations. Report of the International Law Commission covering its 1 st session 12 April - 9 June 1949. General Assembly. Official records: 4 th session Suppl. No.10(A/925) New York 1949. 10 S.
V Eb 83

United Nations. Report of the International Law Commission. covering the work of its 3 rd session 16 May - 27 July 1951. General Assembly. Official records. 6 th session. Suppl.No.9(A/1958) New York 1951. 20 S.
V Eb 83

Kommentar zum Gesetz über die Landbeschaffung für Aufgaben der Verteidigung < Landbeschaffungsgesetz > und Gesetz über die Beschränkung von Grundeigentum für die militärische Verteidigung < Schutzbereichgesetz >. Bearb.von B.Bauch;R.Schmidt. Stuttgart 1957. 220 S.
II Ea 19685

Ministerul Justitiei. (Sammlung der gesetzlichen Bestimmungen auf dem Gebiet des Arbeitsrechts, rumän.:) Culegere de acte normative in materie de munca. Bukarest 1957. 275 S.
IV Ea 23054

Scheer,B.: Die Anwendung unmittelbaren Zwanges durch die Verwaltungs- und Polizeibehörden. Nds.UZwVO vom 15.11.1951. Waffengebrauchsrecht. Erl. Braunschweig 1956. 187 S.
II Ea 19817

Erstes Gesetz über Maßnahmen zum Schutz der Zivilbevölkerung mit Einführung und Sachregister. Von H.Schneppel. Stuttgart 1957. 61 S.
II Ea 19933

Schwenck,H.G.;G.Biet: Soldatenversorgungsrecht. Erl.-Buch f.Soldaten mit vollst.Abdr.d.Soldatenversorgungsgesetzes nebst ausführl. Erl.u.vielen prakt.Beisp. Frankfurt/M. 1957. 217 S.
II Ea 19921

Der Entwurf des Staatsrentengesetzes. Ber.N.A.Bulganins. Schlußw. N.A.Bulganins in d.Sitzg d.Sowjets d.Nationalitäten. Staatsrentengesetz. Moskau 1956. 84 S.
III Ea 19901

Subcommittee on disarmament of the Committee on Foreign Relations. Staff study No 1-9. Washington 1956-1957. 9 Bde
V Ea 19874

Institut Meždunarodnych otnošenij. (Der Suezkanal, Dokumentensammlung, russ.:) Sueckij kanal. Sbornik dokumentov. Moskau 1957. 178 S.
III Ea 19857

(Die Verbrechen der amerikanischen Imperialisten. Mitteilungen des ZK EDOF zur Untersuchung d.Verbrechen u.Feststellg d.Schadens d.von d.amerikan.Agressoren u.d.Clique Li Sing-man verursacht worden sind, russ.:) Zlodejanija amerikanskich imperialistov. Soobščenija komissii CK EDOF po rassledovaniju zlodejanij i opredeleniju uščerba, pričinennych amerikanskimi agressorami i klikoj Li Syn Mana. Pjöngjang 1951. 89 S. IV Ea 20355

Gesetz über das Vertragssystem in der sozialistischen Wirtschaft < Vertragsgesetz >. Berlin 1958. 74 S. I Ea 19894

Vervollkommnet den Staatsapparat. Rede d.Ersten Stellvertr.d.Vorsitzenden d.Ministerrates W.Ulbricht u.Diskussionsbeitr. auf d.32.Tagg d.Volkskammer d.DDR am 10.u.11.Febr.1958. [Mit Text d.Ges.über die Vervollk.u.Vereinf.der Arbeit d.Staatsapp. in der DDR.] Berlin 1958. 92 S. I Ea 19853

Zimbehl,A.;W.Ulmann: Eisenbahnrecht mit den wichtigsten Dienstvorschriften. Bearb. Berlin 1958. Loseblattsammlung I Ea 19863

(Das Zivilgesetzbuch der Volksrepublik Ungarn, Entwurf. ungar.:) A magyar népköztársaság polgári törvénykönyve. Tervezet. Budapest 1957. 445 S. IV Eb 885

(Zivilrecht und Familiengesetzbuch, poln.:) Prawo cywilne i kodeks rodzinny. Zbior przepisow... Według stanu prawnego na dzień 31 grudnia 1956 r. Warschau 1957. 423 S. IV Ea 16799

2.Rechtswissenschaft allgemein

Berliner Kundgebung 1952 des Deutschen Juristentages. Vortrag von H.Weinkauff, (Richtertum u.Rechtsfindg in Deutschland) W.G.Becker, (Das Common Law als Methode der Rechtsfindung) R.Lange, (Der Rechtsstaat als Zentralbegriff der neuesten Strafrechtsentwicklung) sowie Brgrüßungs- und Schlußansprache. Tübingen 1952. 79 S. I Ea 19831

Deutscher Notartag 1956. Veranst.von d.Gemeinschaft d.Dt.Notariats. München,Berlin 1956. 119 S. II Ea 21336

Akademija Nauk SSSR. Inst.prava im.A.Ja.Vyšinskogo. (Fragen der Kodifikation,Sammlung wissenschaftl.Aufsätze, russ.:) Voprosy kodifikacii. Sbornik naučnych statej. Moskau 1957. 245 S. III Ea 21197

Richardson,W.P.: The Law of evidence. 8th ed.by J.Prince. Brooklyn, New York 1955. 672 S. V Ea 23018

(Wissenschaftliche Tagung der jungen wissenschaftlichen Mitarbeiter der juristischen Fakultät der Universität "Adam Mickiewicz", poln.:) Uniwersytet im Adama Mickiewicza. Sesja naukowa młodych pracowników nauki wydziału prawa UAM. Posen 1956. 206 S. IV Ea 20308

3.Staats-und Rechtstheorie

Andreae,Chr.: Der Staat als persönliche Aufgabe. Köln 1956. 4 Bl. II Eb 97

Feketekúty,L.: Christentum und Staat. Gedanken zu e.christl.Verfassungslehre. Köln/R.1953. 173 S. II Ea 23044

Akademija Nauk SSSR. Institut Prava im. A.Ja.Vyšinskogo. (Fragen des sowjetischen Staates und Rechts,1917-1957, russ.:) Voprosy sovetskogo gosudarstva i prava 1917-1957. Moskau 1957. 430 S. III Ea 15435

Kapyrin,P.I.: (Der Sowjetstaat eine Schöpfung des Oktobers, russ.:) Sovetskoe gosudarstvo -detišče oktjabrja. Moskau 1957. 47 S. III Ea 20658

Küchenhoff,G.;E.Küchenhoff: Allgemeine Staatslehre. 3.Aufl. Stuttgart 1957. 216 S. II Ea 19934

Leibholz,G.: Demokratie und Rechtsstaat. Hannover 1957. 45 S. II Ea 19969

Liberty in the modern state. London 1957. 84 S. V Ea 19939

Nell-Breuning,O.von: Wirtschaft und Gesellschaft heute. 1.2.Freiburg 1956-57. e Bde Bd 1: Grundfragen. 1956. 461 S. Bd 2: Zeitfragen. 1957. 435 S. II Ea 19882

Stratenwerth,G.: Das rechtstheoretische Problem der "Natur der Sache". Tübingen 1957. 31 S. II Ea 19799

Wolf,E.: Recht des Nächsten. Ein rechtstheolog. Entwurf. Frankfurt/M. 1958. 75 S. II Ea 19805

4.Geschichte der Staats-und Rechtstheorie

Bruck,E.F.: Kirchenväter und soziales Erbrecht. Wandergn religiöser Ideen durch d.Rechte d.östl.u.westl.Welt. Berlin,Göttingen,Heidelberg 1956. 286 S. II Ea 19867

Cardozo,B.N.: Ausgewählte Schriften. Hrsg.von M.E.Hall. Eingel.v. E.E.Patterson. Frankfurt/M. 1957. 396 S. II Ea 19820

(J.V.Frič und die demokratischen Strömungen in der tschechoslowakischen Politik und Kultur, Aufsatzsammlung., tschech.:) J.V.Frič a demokratické proudy v české politice a kultuře. Sborník statí. Prag 1956. 403 S. IV Ea 19910

Knoll,J.H.: Führungsauslese in Liberalismus und Demokratie. Zur polit. Geistesgesch.d.letzten 100 Jahre. Stuttgart 1957. 230 S. II Ea 19870

Müntzer,Th.: Die Fürstenpredigt und andere politische Schriften. Hrsg.u.erl.von S.Streller. Mit e.biograph.Poem "Thomas Müntzer" von K.Otto. Leipzig 1958. 210 S. I Ea 19892

Pokrovskij,S.A.: (Die staatsrechtlichen Anschauungen Radiščevs, russ.:) Gosudarstvenno- pravovye vzgljady Radiščeva. Moskau 1956. 309 S. III Ea 16914

Voisé,W.: (Frycz Modrzewskis Lehre von Staat u.Recht, poln.:) Frycza Modrzewskiego nauka o państwie i prawie. (Mit frz.u.russ.Résumé) Warschau 1956. 365 S. IV Ea 19905

5.Staats-und Rechtsgeschichte

Dold,A.: Zur ältesten Handschrift des Edictus Rothari. Urfassg d. Langobardenges.Zeit u.Ort ihrer Entstehg... Mit Anh.:Codex Cavensis. Stuttgart 1955. 48 S. II Ea 19833

Hasselwander,N.: Aus der Gutachter-und Urteilstätigkeit an der alten Mainzer Juristenfakultät. Wiesbaden 1956. 53 S. II Ea 19827

Jolowicz,H.F.: Roman Foundations of modern law. Oxford 1957. 217 S. V Ea 19787

Jones,J.W.: The Law and legal theory of the Greeks. An introduction. Oxford 1956. 327 S. V Ea 19786

Maillet,J.: Histoire des institutions et des faits sociaux. Paris 1956. 649 S. V Ea 23082

Merzbacher,F.: Die Hexenprozesse in Franken. München 1957. 186 S. II Ea 23071

Peter,H.: Actio und writ. Eine vergl.Darst.röm.u.engl.Rechtsbehelfe. Tübingen 1957. 122 S. II Ea 19929

Räder,W.: Die Juristen Kurlands im 17.Jahrhundert. Marburg/Lahn 1957. 104 S. II Ea 19333

(Verfassungen und gesetzgebende Akte der bürgerlichen Staaten im17.-19. Jahrhundert, russ.:) Konstitucii i zakonodatel'nye akty buržuaznych gosudarst v XVII-XIX v.v. Anglija, SŠE, Francija, Italija, Germanija. Sbornik dokumentov pod.red.P.N. Galanzy. Moskau 1957. 587 S. III Ea 14104

6.Völkerrecht und Außenpolitik

Atomenergie - wofür? Ref.d.Tagg über Probl.d.Atomenergie d.Vereinigg Demokrat.Juristen Deutschlands am 30.11.1957. Berlin 1958. 48 S. I Ea 19855

Atomwaffenfreie Zone in Europa. Kl.Dokumentensammlg. Hrsg.K.Bittel. Berlin 1958. 136 S. I Ea 19997

Beljaev,I.P.: (Der amerikanische Imperialismus in Saudi-Arabien, russ.:) Amerikanskij imperializm v.Saudovskoj Arabii. Moskau 1957. 206 S. III Ea 23053

Besuch des Vorsitzenden des Ministerrats der UdSSR, N.A.Bulganin, und des Mitglieds des Präsidiums des Obersten Sowjets der UdSSR N.S.Chrustschow in Großbritannien.18.-27.4.1956. Moskau 1956. 106 S. III Ea 19886

Biörklund,E.: International Atomic Policy during a decade. An historicalpolitical investigation into the problem of atomic weapons during the period 1945-55. (Aus d.Schwed.übers.) Princeton 1956. 148 S. V Ea 19118

Brugière, P.F.: La Règle de l'unanimité des membres permanents au Conseil de sécurité. "Droit de Veto". Préf. de G.Scelle. Paris 1952. 267 S. V Ea 19826

Bucharov,B.I.: (Die Politik der USA in bezug auf die Chinesische Volksrepublik < 1949-1953 >, russ.:) Politika SŠA v otnošenii Kitajskoj Narodnoj Respubliki < 1949-1953 >. Moskau 1958. 237 S. III Ea 19907

Buehrig,E.H.: Woodrow Wilson and the balance of power. Bloomington 1955. 325 S. V Ea 23062

Castanos,St.: Les Tendances juridiques de l'intégration européenne. Paris 1957. 53 S. V Ea 19926

Charpentier,J.: La Reconnaissance internationale et l'évolution du droit des gens. Préf.de S.Bastid. Paris 1956. 357 S. V Ea 23094

Collective Defense in South East Asia. The Manila treaty and its implications. A report by a Chatham House study group. London, New York 1956. V Ea 19837

Dunker,H.J.: Die interamerikanischen Beziehungen und der Gedanke der gleichberechtigten Partnerschaft. Hamburg 1957. 344 S. II Eb 889

Engelmann,H.: Vom Wesen und Mythos des Krieges. Berlin 1958. 106 S. I Ea 19749

Friedmann,W.: An Introduction to world politics. 3rd ed. London 1957. 454 S. V Ea 19866

(Die Geschichte des Krieges im Stillen Ozean. Bd 2: Japanisch-chines.Krieg, russ.:) Istorija vojny na tichom okeane. Tom 2: Japano-kitajskaja vojna. Moskau 1957. 410 S. III Ea 19770

Hecker,H.: Praktische Fragen des Staatsangehörigkeits-Rechts. Gutachten 1947-1957. Zsgest. Hamburg 1957. 356 S. II Eb 890

Janković,B.M.: (Einführung in das derzeitige internationale öffentliche Recht, slowen.:) Uvod u savremeno medunarodno javno pravo. Sarajewo 1953. 143 S. IV Ea 16243

Jaspers,K.: Die Atombombe und die Zukunft des Menschen. Ein Radiovortr. München 1957. 26 S. II Ea 19832

Jaworznicki,B.: (Fragen der Aussenpolitik in der Wahlkampagne der UdSSR, poln.:) Zagadnienia polityki zagranicznej w kampanii wyborczej Z.S.R.R. Warschau 1950. 28 S. IV Ea 12256

Akademija Nauk SSSR. Institut Prava.(Internationales Recht, [Hochschullehrbuch] russ.:) Meždunarodnoe pravo. Moskau 1957. 471 S. III Ea 15181

Association internationale des Juristes Démocrates. Journées d'études sur les nationalisations. Rome 4 - 5 mai 1957. Brüssel 1957. 73 S. V Ea 21428

Urteilen Sie selbst darüber. Wer die Kernwaffenversuche einstellen will und wer nicht. Dokumentar.Unterlagen < 1955-1957 >. Moskau 1957. 57 S. III Ea 19891

Kissinger,H.A.: Nuclear Weapons and foreign policy. Forew.by G.Dean. New York 1957. 463 S. V Ea 19864

Larin,V.: (Die internationale Agentur für Atomenergie, russ.:) Meždunarodnoe agenstvo po atomnoj energii. Moskau 1957. 97 S. III Ea 19434

NATO and the Western European Union, 1955. Commentary vith modified texts of the Treaty of Brussels and the North Atlantic Treaty. London 1955. 24 S. V Ea 19551

Ausschuß für Deutsche Einheit. Information. NATO beschließt: Bonn zahlt weiter Besatzungskosten. Berlin 1958. 4 S. I Eb 500

Niki:ina,G.S.: Der Suezkanal. Nationales Eigentum d.ägypt.Volkes. Berlin 1957. 83 S. I Ea 19589

The Grotius Society.Transactions for the year 1952.1953.1954. Problems of public and private international law. Vol.38.39.40. [Bd 1-3] Bd 1: 1953. 170 S. Bd 2: 1954. 257 S. Bd 3: 1955. 191 S. London 1953-1955. V Ea 19675

Roberts,J.E.;G.Bell: Nuclear War and peace. The facts and the challenge. London 1955. 54 S. V Ea 19981

Scheuner,U.: Die Rechtslage der Saarbergwerke. Rechtsgutachten. Bonn 1956. 20 S. II Ea 19464

Watt,D.C.: Documents on the Suez Crisis 26 July to 6 November 1956. Select.and introd. London 1957. 88 S. V Ea 19971

7.Staatsrecht

Anderson,W.: The Nation and the States, rivals or partners? Minneapolis 1955. 263 S. V Ea 23061

Boulbès,R.: Droit français de la nationalité. Les textes la jurisprudence, les règles administratives avec la collat ration de P.Aymond. Préf.de J.Maury. Paris 1956. 589 S. V Ea 19924

Brogan,D.W.: Die amerikanische Politik. Verfassung, Staatsleben u. polit.System d.Vereinigten Staaten. Eine Einführung. Stuttgart, Wien, Zürich 1956. 446 S. II Ea 23040

Caron,H.: Les Pouvoirs publics et le citoyen. Commune, département, Institutions nationales et internationales. D'une meilleure connaissance à un meilleur service. Toulouse 1955. 125 S. V Ea 23105

The Commonwealth of Australia. The development of its laws and constitution. Under the gen.ed.of G.W.Paton. With spec. contributors. London 1952. 355 S. V Ea 23058

Dennenkamp,G.: Zum Verbotsurteil gegen die Kommunistische Partei Deutschlands. Berlin 1956. 42 S. I Ea 17654

Džaembaev, T.: (Die Entstehung und Entwicklung der inneramtlichen Kontrolle in der sowjetischen staatlichen Leitung, russ.:) Vozniknovenie i razvitie vnutrivedomstvennogo kontrolja v sovetskom gosudarstvennom upravlenii. Alma-Ata 1957. 119 S. III Ea 19908

Filonovič,Ju.K.: (Der Sowjetdeputierte, russ.:) Sovetskij deputat. Moskau 1958. 59 S. III Ea 21401

Finer,H.: Governments of greater European powers A comp. study of the governments and political culture of Great Britain, France,Germany, and the Soviet Union. London 1956. 931 S. V Ea 19977

Georgadze,M.P.: (Die Lösung der Nationalfrage in der UdSSR, russ.:) Razresenie nacional'nogo voprosa v SSSR. Moskau 1958. 6I S. III Ea 20582

Henke,W.: Die verfassungsgebende Gewalt des deutschen Volkes. Stuttgart 1957. 165 S. II Ea 19914

Hyman,S.: The American President. New York 1954. 342 S. V Ea 23003

Jennings,I.: Constitutional Problems in Pakistan. Cambridge 1957. 378 S. V Ea 19823

Joshi,G.N.: The Constitution of India. 3rd ed. London 1956. 466 S. V Ea 19868

Katz,R.: Zur Stellung der Dritten Gewalt. 2.Aufl. Bonn 1957. 34 S. II Ea 19812

Ausschuß für Deutsche Einheit. Information. Der Kauf der politischen Macht in der Bundesrepublik und das Parteiengesetz. Berlin 1958. 6 S. I Eb 500

Kolbabek,A.: Unser Parlament. Wien 1955. 143 S. V Ea 19839

Kravcov,B.P.: (Das sowjetische Wahlsystem, russ.:) Sovetskaja izbiratel'naja sistema. Moskau 1958. 63 S. III Ea 21402

Krüger,U.: Der Militärseelsorge-Vertrag und die Evangelischen Kirchen in der Deutschen Demokratischen Republik. Mit Vertr.-Text u. anderen Mat. Berlin 1958. 63 S. I Ea 21320

Ausschuß für Deutsche Einheit. Information. Gegen Krupp und Adenauer-CDU. Zu den Landtagswahlen in Nordrhein-Westfalen. Berlin 1958. 8 S. I Eb 500

Ausschuß für Deutsche Einheit. Information. Zu den Landtagswahlen in Nordrhein-Westfalen. Konzerne finanzieren Wahlen. < T.1-3 > Berlin 1958. T.1: 10 S. T.2: 8 S. T.3: 10 S. I Eb 500

Ausschuß für Deutsche Einheit. Zu den Landtagswahlen in Nordrhein-Westfalen. Berlin 1958. 28 S. I Eb 869

Maunz,Th.: Deutsches Staatsrecht. Ein Studienbuch. 7.,neubearb.Aufl. München, Berlin 1958. 387 S. II Ea 23041

Der sechste Parteitag der National-Demokratischen Partei Deutschlands. Leipzig, 15.,16. u.17.Sept.1955. Stenograph.Niederschrift. Berlin 1958. 382 S. I Ea 19990

Peters,H.: Gutachten zur Auslegung des Artikels 33 Abs.4 des Grundgesetzes. Köln 1955. 33 S. II Eb 792

Powell,Th.R.: Vagaries and varieties in constitutional interpretation. New York 1956. 229 S. V Ea 19865

Spaltung und Wiedervereinigung Deutschlands. T.1.1945-1948. Kl.Dokumentensammlung. Hrsg. K.Bittel. Berlin 1958. 112 S. I Ea 19854

Staatsvereinfachung in Bayern. Gutachten der Arbeitsgemeinschaft für Staatsvereinfachg. T.2. München 1957. 98 S. II Eb 297

Strong,D.S.: Registration of voters in Alabama. Birmingham 1956. 135 S. V Ea 19819

Verney,D.V.: Parliamentary Reform in Sweden 1866-1921. Oxford 1957. 295 S. V Ea 19782

8.Verwaltungsrecht

Kern, E.: Die Institution des Berufsbeamtentums im kontinentaleuropäischen Staat. Eine rechts- u.verwaltungsvergl. Studie. Dortmund 1952. 47 S. II Ea 19811

Meister,R.: Die Krise der kommunalen Selbstverwaltung in der Bundesrepublik < dargest.am Beisp.d.Landes Nordrhein-Westfalen >. Dresden 1956. 120 S. I Ea 21397

Möller,F.: Der Werksausschuß. Eine betriebsverfassungsrechtl.Studie auf Grund d.Eigenbetriebsverordng d.Landes Nordrhein-Westfalen. Köln-Marienburg 1957. 71 S. II Ea 19800

Nischk,K.: Der Kommunalbeamte. Das Handbuch u.Nachschlagewerk f.d. Behörden u.Dienstkräfte d.Staats- u.Kommunalverwaltung. 9.Aufl. nach d.Stande von 1954. Braunschweig 1954. 645 S. II Ea 19814

Rjabčuk,S.F.: (Die Geschäftsführung der Dorfsowjets, russ.:) Deloproizvodstvo sel'skich sovetov. Moskau 1957. 22 S. III Ea 21184

Tadevosjan,V.S.: (Die Aufsicht des Staatsanwalts in der UdSSR,russ.:) Prokurorskij nadzor v SSSR. Moskau 1956. 297 S. III Ea 21147

Tiedemann,W.: Ordnungswidrigkeiten und Polizeidienst. Bearb. Hamburg 1957. 96 S. II Ea 19416

Winkler,G.: Der Bescheid. Ein Beitr.zur Lehre vom Verwaltungsakt. Wien 1956. 158 S. I Ea 19840

9.Finanz-,Steuer-und Preisrecht

Dalimier,G.: Conventions internationales en matière fiscale. Paris 1955. getr.Pag. V Eb 496

Der Lohnsteuer-Jahresausgleich 1957. Mit d.Jahreslohnsteuertabelle u.d.Kirchensteuerjahresbeträgen. Berlin-Frohnau 1957.10 S. II Eb 300

Teilzahlungsfinanzierung in USA. Reiseber.einer deutschen Studiengruppe. München 1956. 45 S. II Ea 19706

10.Strafrecht, Strafprozeß

Alekseev,N.S.: (Transportverbrechen, russ.:) Transportnye prestuplenija. Otvetstvennost'za prestuplenija, posjagajuščie na pravil'nuju rabotu sovetskogo transporta. Leningrad 1957, 144 S. III Ea 21201

First United Nations Congress on the prevention of crime and the treatment of offenders. Geneva, 22 august - 3 september 1955. Report prepared by the secretariat. New York 1956. 103 S. V Eb 917

Gowers,E.: A Life for a life? The problem of capital punishment. London 1956. 144 S. V Ea 19936

Ksoll,E.: Strafrecht. Allgemeiner Teil. 2. < wesentl.erw.> Aufl. Düsseldorf 1957. 352 S. II Ea 19815

Lehnert,R.: Kleines Strafrechts-Lehrbuch. Strafrecht u.Strafprozeß unter Einbeziehg d.Ges.über Ordnungswidrigkeiten vom 25.März 1952. Erw.u.neubearb.von K.Schäfer. 41.Aufl. Braunschweig 1956. 406 S. II Ea 19816

Lekschas,J.: Über die Strafwürdigkeit von Fahrlässigkeitsverbrechen. Berlin 1958. 72 S. I Ea 21141

Meyer,A.: Strafbare Handlungen an Bord von Luftfahrzeugen und ihre Folgen. Gen.-Ber., vorgel.d. 7.Kongreß d."Internat.Vereinigg fr Strafrecht" zu Athen < 26.9.-2.10.1957 >. Dt.Übers.Rev. Text. Berlin, Köln 1958. S.88-174. II Ea 21332

Miňkovskij,G.M.: (Die Grenzen der Beweisführung im sowjetischen Strafprozeß, tschech.:) Meze dokazováni v sovětském trestním procesu. Prag 1957. 84 S. IV Eb 868

Rachunov,R.D.: (Die Zeugenaussagen im sowj.Strafprozeß, tschech.:) Svědecké výpovědi v sovětském trestním procesu. Prag 1957. 129 S. IV Eb 867

Römer,A.: Die vorsätzlichen Tötungsverbrechen im Strafrecht der Deutschen Demokratischen Republik. Halle/S. 1957. getr.Pag. Halle/S.,Jur.Diss.v.15.Juli 1957 I Eb 894

Röschel,A.;E.Blaese: Die Strafvollstreckung. Durchführg d.Vollstreckg gerichtl.Strafen mit Beispielen. 2.,neubearb.Aufl. Berlin 1953. 285 S. II Ea 19686

Šargorodskij,M.: (Verantwortlichkeit für Verbrechen gegen die Person, russ.:) Otvetstvennost' za prestuplenija protiv ličnosti. Leningrad 1953. 106 S. III Ea 21406

Sharp,M.P.: Was Justice done? The Rosenberg-Sobell case. With an introd. by H.C.Urey. New York 1956. 216 S. V Ea 19818

Berliner Statistik. Die rechtskräftig abgeurteilten Personen in Berlin < West > 1955. Berlin 1957. 35 S. II Eb 497

(Sowjetischer Strafprozeß, russ.:) Sovetskij ugolovnyj process. Pod red. D.S.Kareva. Moskau 1956. 415 S. III Ea 21181

Was jeder vom Strafrechtsergänzungsgesetz wissen muß. [Referat u.Disk. auf der Arbeitstagg der Abt.Strafrecht des Dt.Inst.f.Rechtswiss.am 7.Dez.1957. Text des Ges.im Anh.] Berlin 1958. 52 S. I Ea 19777

Vinberg,A.J.;G.M.Miňkovskij; R.D.Rachunov: (Indirekte Beweise im sowj. Strafverfahren, tschech.:) Nepřímé důkazy v sovětskem trestním řízení. Prag 1957. 208 S. IV Eb 865

11.Kriminalistik,Gerichtliche Medizin,Gerichtspsychiatrie,-psychologie

Gukovskaja,N.I.;V.A.Svešnikov: (Die gerichtsmedizinische Begutachtung des Leichnams bei gewaltsamen Tode,russ.:)Sudebnomedicinskaja ekspertiza truda po delam o nasil'stvennoj smerti.Posobie dlja sledovatelej. Moskau 1957. 254 S. III Ea 21195

12.Gerichtsverfassung(einschließlich Staatsanwaltschaft, Justizverwaltung,Notariat,Anwaltschaft)

Baur,F.: Empfiehlt es sich, die verschiedenen Zweige der Rechtsprechung ganz oder teilweise zusammenzufassen? Gutachten f.d.42.Dt. Juristentag erstattet. Tübingen 1957. 45 S. II Ea 19798

Rose,H.: Der Staatsanwalt in der Deutschen Demokratischen Republik. Berlin 1958. 39 S. I Ea 19888

Vanderbilt,A.T.: Judges and jurors: their functions, qualifications and selection. Boston 1958. 76 S. V Ea 19968

13.Zivilrecht

Arzamascev,A.N.: (Der Schutz des sozialistischen Eigentums nach dem sowjetischen Zivilrecht, russ.:) Ochrana socialističeskoj sovstvennosti po sovetskomu graždanskomu pravu. Leningrad 1956. 207 S. III Ea 21200

Bussmann,K.: Reichen die geltenden gesetzlichen Bestimmungen insbesondere im Hinblick auf die modernen Nachrichtenmittel aus, um das Privatleben gegen Indiskretion zu schützen? Gutachten f.d.42.Dt.Juristentag erstattet. Tübingen 1957. 79 S. II Ea 19797

Carbonnier,J.: Droit Civil. T.1.Institutions judiciaires et Droit Civil. Paris 1957. 781 S. V Ea 19925

Chalfina,R.O.: Wesen und Bedeutung des Vertrages im sowjetischen sozialistischen Zivilrecht. Berlin 1958. 218 S. I Ea 21327

Dekkers,R.: Précis de droit civil belge. T.1-3. Brüssel 1954 3 Bde Bd 1: 1954. 1002 S. Bd 2: 1955. 1059 S. Bd 3: 1955. 943 S. V Ea 19869

14.Urheber-und Erfinderrecht

Vaksberg,A.I.: (Verlag und Verfasser, russ.:) Izdatel'stvo i avtor. Pravovye vzaimootnošenija. Moskau 1957. 233 S. III Ea 21182

15.Vertragssystem und vertragsgerichtliches Verfahren

Spišiak,J.: (Volkseigene Betriebe. Einige rechtliche Probleme, slowak.:) Národné podniky. Niektoré právne problémy. Bratislava 1949. 230 S. IV Ea 20351

Spišiak,J.: (Die Wirtschaftsverträge, 2.Aufl.,slowak.:) Hospodárske zmluvy. 2.opr.a dopl.vyd. Bratislava 1955. 867 S. IV Ea 20085

Such,H.: Die Vereinfachung des Staatsapparats und die zwischenbetriebliche Kooperation der sozialistischen Betriebe. Berlin 1958. 95 S. I Ea 19947

16.Handelsrecht,Wertpapierrecht,Kartell-und Wettbewerbsrecht

Abeille,J.E.: Droit,capital, travail. Pour le droit de l'entreprise. Préf.de G.Ripert. Paris 1955. 151 S. V Ea 19927

Rasch,H.: Sind auf dem Gebiete des Konzernrechts gesetzgeberische Maßnahmen gesellschaftsrechtlicher Art erforderlich? Gutachten f.d. 42.Dt.Juristentag. Tübingen 1957, 55 S, II Ea 19941

Untersuchungen zur Reform des Unternehmensrechts. Ber.d.Studienkomm. d.Dt.Juristentages T.2. < Bericht d.Aussch.3.> Die Partnerschaft der Arbeitnehmer. Tübingen 1957. 88 S. II Ea 13775

Wilberforce,R.O.;A.Campbell;N.P.M.Elles: The Law of restrictive trade practices and monopolies. Consulting ed.R.G.Cooke. London 1957, 677 S. V Ea 19876

17.LPG-Recht,Bodenrecht,Landwirtschaftsrecht

Arbeiten der Deutschen Landwirtschaftsgesellschaft. Hofübergabe und Erbfolge in der Landwirtschaft. Frankfurt/M. 1956. 56 S.II Ea 19980

Nedorost,J.: Der Aufbau des Sozialismus auf dem Dorf in der Tschechoslowakischen Republik. Berlin 1958. 30 S. I Ea 19986

18.Familienrecht

Casel,J.;N.Bonnart-Casel: Les Droits de la mère sur l'enfant. Paris 1955. 188 S. V Ea 23106

Travers,R.L.: Husband and wife in English law. London 1956. 112 S. V Ea 23104

19.Zivilprozeß und Freiwillige Gerichtsbarkeit

Répertoire de procédure civile et commerciale. Publié sous la direction de M.Lemaire. T.1.2.Mise a jour 1957. Paris 1955-1957. 3 Bde T.1. Absence-exploit 1955. 1026 S. T.2.Faillite-voies de recours 1953. 1165 S. Mise: 1957. 47 S. V Eb 902

20.Arbeits-und Sozialrecht incl.Verfahren

Liebscher,G.;G.Thude: Die Prinzipien der Sozialversicherung in Westdeutschland. Der Kampf d.westdt.Arbeiter gegen d.Mißbrauch d.Sozialversicherg durch d.westdt.Imperialisten u.d.Bonner Staat. Berlin 1957. 85 S. I Ea 19889

Pašerstnik,A.E.: (Die Gesetzgebung des Arbeitsschutzes in der UdSSR, russ.:) Zakonodatel'naja ochrana truda v SSSR. Moskau 1957. 31 S. III Ea 16834

Probleme des Akkordrechts. Hrsg.von M.L.Hilger mit Beiträgen von R.Dietz u.a. Heidelberg 1957. 192 S. II Ea 19883

Internationales Arbeitsamt. Soziale Aspekte der europäischen wirtschaftlichen Zusammenarbeit.Ber.e.Sachverständigengruppe. Genf 1956. 212 S. V Ea 19781

Ausschuß für Deutsche Einheit. Information. Adenauers "Sozialreform" im Schatten der Atombombe! Ein Jahr nach der Renten-Reform greift Adenauer nach den Unfallrenten und den Krankenkassen. Berlin 1958. 14 S. I Eb 500

D. Ü B E R S E T Z U N G E N A U S D E R Z E I T - S C H R I F T "S O V E T S K O E G O S U D A R S T V O I P R A V O [1)]

Inhaltsverzeichnis von 1958, Heft 4:

Artikel

Die weitere schöpferische Entwicklung des Leninschen Genossenschaftsplanes. S.3 - 10

Čchikvadze, V.M. (Tschchikwadse, W.M.): Der Kampf W.I. Lenins gegen den Reformismus in Fragen des Staates. S.11 - 22

Talalaev, A.N. (Talalajew, A.N.): W.I. Lenin über die internationalen Verträge. S.23 - 27

Erörterung von Fragen der weiteren Entwicklung des Kolchosaufbaus und der Reorganisation der Maschinen-Traktoren-Stationen.

Orlovskij, K.P. (Orlowskij, K.P.): Eine neue Etappe des Kolchosaufbaus. S.28 - 32

Dolžanskij, L.D. (Dolshanskij, L.D.): Ein neuer Schritt auf dem Wege zur Festigung des Kolchosaufbaus. S.33 - 36

Ruskol, A.A.; B.A. Liskovec, I.Ju. Rapoport (Liskowez, B.A.): Einige rechtliche Fragen, die mit der Reorganisation der Maschinen-Traktoren-Stationen im Zusammenhang stehen. S.37 - 42

Kozyr', M.I. (Kosir, M.I.): Einige Fragen der rechtlichen Stellung des kollektivwirtschaftlichen Eigentums. S.43 - 51

Chajdas, G.I.: Über die Wirtschaftsverträge der Kollektivwirtschaften. S.52 - 57

Pankratov, I.F.: Die Rolle der leitenden Kader der Kollektivwirtschaften muß gehoben werden. S.58 - 61

Mikolenko, Ja.F.: Die Funktionen und die Rechtsformen der wirtschaftlichen Tätigkeit der technischen Reparaturstationen. S.62 - 67

Volkov, A.I. (Wolkow, A.I.): Über die rechtlichen Formen der gegenseitigen Beziehungen der technischen Reparaturstationen mit den Kollektivwirtschaften. S.68 - 70

Cepkov, V.K. (Zepkow, W.K.): Zur Frage der Struktur der Exekutivkomitees der Rayonsowjets der Deputierten der Werktätigen. S.71 - 74

Azovkin, I.A. (Asowkin, I.A.): Der Sowjetapparat des Rayons muß gefestigt werden. S.75 - 77

1) Die hier angezeigten Artikel werden laufend übersetzt und sind gemäß der Benutzungsordnung der Bibliothek des Deutschen Instituts für Rechtswissenschaft ausleihfähig.

Bunin,M.E.: Praktische Vorschläge in Auswertung des Beschlusses des Februar-Plenums des ZK der KPdSU (1958). S.78 - 79

Dmitriev,E.A.(Dmitrijew,E.A.): Über das Verfahren der Übergabe der Technik der MTS in die Kollektivwirtschaften. S.80 - 81

Kazačkin,V.G.(Kasatschkin,W.G.): Einige Fragen des Übergangs der Spezialisten und Mechanisatoren der MTS in die Kollektivwirtschaften. S.82 - 84

Pjatnickij,P.P.(Pjatnizkij,P.P.): Erörterung von Fragen der weiteren Entwicklung und Festigung des Kolchosaufbaus. S.85 - 91

Mitteilungen und Bemerkungen

Rajgorodskij,N.A.: Der Entwurf für die Regelung der Vergütung für Erfindervorschläge. S.91 - 101

Levickij,G.A.(Lewizkij,G.A.): Zur Frage der Prinzipien der Strafzumessung nach dem sowjetischen Strafrecht. S.102-107

Vledoju,A.(Wledoju,A.): Die Erweiterung der Kompetenz der Volksräte in der Rumänischen Volksrepublik. S.108-111

Ikonickij,Ju.V.(Ikonizkij,Ju.W.): Die Verfassung Ghanas. S.112-119

Moskalenko,G.K.: Der sowjetische Kollektivvertrag in der ersten Etappe seiner Entwicklung. S.120-125

Gucenko,K.F.(Guzenko,K.F.): Über einige Formen der Beschuldigung im sowjetischen Strafprozeß. S.126-129

Rjanžin,V.A.(Rjanshin,W.A.): Das System der Präsidentenwahlen in den USA. S.130-136

Wissenschaftliches Leben

Korolev,A.I.: Die Internationale wissenschaftliche Tagung "40 Jahre Sowjetstaat und Sowjetrecht und die Entwicklung der Rechtswissenschaft". S.137-141

Die Entwicklung der internationalen Verbindungen der sowjetischen Rechtswissenschaftler.

Tadevosjan,V.S.: Der Besuch sowjetischer Juristen in Rumänien. S.142-143

Fodor,I.: Vortrag eines rumänischen Wissenschaftlers im Rechtsinstitut der Akademie der Wissenschaften der UdSSR. S.144

Über die Konferenz der Internationalen Vereinigung der Rechtswissenschaften in Chicago. S.145-147

Kudrjavcev,P.I.;A.A.Piontkovskij,M.S.Strogovič(Kudrjawzew,P.I.; A.A.Piontkowskij,M.S.Strogowitsch): Der VII. Internationale Strafrechtskongress in Athen. S.148-151

Zum 80.Geburtstag N.N. Poljanskis. S.152-153

Rezensionen

Gurvič,G.S.(Gurwitsch,G.S.): Eine Serie von Broschüren über den Staatsaufbau ausländischer Staaten (der Länder Asiens). S.154-159

Ausländische Gesetzgebung

Die wichtigsten Gesetzgebungsakte ausländischer Staaten (November-Dezember 1957) S.160-163

Bibliographie

Neue juristische Literatur der UdSSR (Dezember 1957-Januar 1958) S.164-167

Inhaltsverzeichnis von 1958, Heft 5:

Beschlüsse von historischer Wichtigkeit (Die Beschlüsse der ersten Tagung des Obersten Sowjets der UdSSR der fünften Einberufungsperiode) S.3 - 12

Denisov,A.I.: Der Sieg der Lehre von Marx von der sozialistischen Revolution und der Diktatur des Proletariats. S.13 - 24

Piontkovskij,A.A.: Zur Frage des wechselseitigen Verhältnisses des objektiven und subjektiven Rechts. S.25 - 36

Naschitz,A.: Über die Entwicklung des sozialistischen Rechtsbewußtseins in der Rumänischen Volksrepublik. S.37 - 46

Romanov,V.A.(Romanow,W.A.): Die Bucht "Peter der Große" ist ein Binnengewässer der Sowjetunion. S.47 - 55

Venediktov,A.V.(Wenediktow,A.W.): Über einige organisatorische Probleme der Industrie. S.56 - 69

Bachčisarajcev, Ch.E.(Bachtschisarajzew,Ch.E.): Über einige rechtliche Fragen, die sich aus der Veröffentlichung der Verordnung über die Volkswirtschaftsräte ergeben. S.70 - 79

Šor, L.M.(Schor,L.M.): Fragen der rechtlichen Regelung der Tätigkeit der Zweigorgane und der funktionalen Organe des Volkswirtschaftsrates. S.80 - 89

Kotov,V.F.(Kotow,W.F.): Über die rechtliche Regelung der Mittel des nach der wirtschaftlichen Rechnungsführung arbeitenden Betriebes. S.90 - 98

Changel'dyev,B.B.(Changeldiew,B.B.): Zur Frage der Rechtsformen der gegenseitigen Beziehungen zwischen den örtlichen Sowjets und den Betrieben und Organisationen, die den Volkswirtschaftsräten unterstellt sind. S.99 -110

Šafir,M.A.;G.S.Ostroumov(Schafir,M.A.;G.S.Ostroumow): Über die Vervollkommnung der Organisationsformen der Leitung der Industrie in der Volksrepublik China. S.111-116

Diskussionen und Erörterungen

Aleksandrov,N.G.(Alexandrow,N.G.): Über die Stellung des Arbeits- und Kolchosrechts im System des sozialistischen Sowjetrechts. S.117-123

Von der Redaktion (Notizen zu: A.M.Danieljač, Der Systembegriff des sowjetischen sozialistischen Rechts und die Prinzipien seines Aufbaus; F.M.Leviant, Das sowjetische Arbeitsrecht, ein selbständiger Rechtszweig. S.124-125

Mitteilungen und Bemerkungen

Dikovskij,I.M.: Einige Fragen der rechtlichen Regelung der Werkverträge für Neubauten. S.126-130

Tagunov,E.N.: Zur Frage der Kodifikation des sowjetischen Verwaltungsrechts. S.131-135

Cesis,S.P.(Zesis,S.P.): Die Kodifikation muß in den Dienst der Praxis gestellt werden und dieser helfen. S.136

Širvindt,E.G.(Schirwindt,E.G.): Zur Geschichte der Frage der Untersuchung der Kriminalität und der Maßnahmen zu ihrer Bekämpfung. S.137-142

Wissenschaftliches Leben

Erörterung von Rechtsfragen der Tätigkeit der Volkswirtschaftsräte. S.143-144

Rezensionen

Petrov,N.Ju.: Dokumente über die 40 jährige Geschichte des wirtschaftlichen Aufbaus in der UdSSR. S.145-149

Gurvic,M.A.(Gurwiz,M.A.): K.S.Judel'son, Die gerichtlichen Beweise und ihre praktische Anwendung im sowjetischen Zivilprozeß.S.150-153

Rechtswissenschaft im Ausland

Die wissenschaftliche Konferenz im Politisch-juristischen Institut Ost-Chinas. S.154

Rovinskij,E.A.: Das Finanzrecht, eine kollektive Arbeit unter der Redaktion von L.Kurowski; S.Angelov, Das Finanzrecht der Volksrepublik Bulgarien. S.156-158

Ausländische Gesetzgebung

Die wichtigsten Gesetzgebungsakte der ausländischen Staaten (Dezember 1957 - Januar 1958) S.159-161

Bibliographie

Neue juristische Literatur der UdSSR (Oktober-November 1957) S.162-167

E. 18.(32.) VERZEICHNIS DER IN DER BIBLIOTHEK DES DEUTSCHEN INSTITUTS FÜR RECHTSWISSENSCHAFT VORHANDENEN UNVERÖFFENTLICHTEN ÜBERSETZUNGEN 1)

1.Gesetzesmaterialien und Dokumente (auch Verfassungen und Kurzkommentare)

Gesetz vom 29.Mai 1957 über die Regelung der Eigentumsangelegenheiten einiger nichtlandwirtschaftlicher Grundstücke in den wiedergewonnenen Gebieten und auf dem Gebiet der ehemaligen Freien Stadt Danzig. Ustawa z dnia za maja 1957 r. O uregulowaniu spraw własnósci niektórych nieruchomósci nievolniczych na Ziemiach Odzyskanych i na terenach b.W.M.Gedańska [dt.] 6 S.
Aus: Dziennik ustaw polskiej rzeczypospolit. ludowej. 1957/31.
[Betr.: Polen.] ÜP 674

Verordnung der Regierung Nr 23 vom 7.Mai 1954 "Über die Organisation der Vollzugsorgane der Nationalausschüsse." 23.Vládní nařízení ze dne 7.května 1954 o organisaci výkonných orgánu národních výboru [dt.] 16 S.
Aus: Sbírka zákonu. 1954/13 v.17.5.54.
[Betr.: ČSR.] ÜT 544

2.Philosophie

Sorikov,F.K.: Sind die Widersprüche eine Triebkraft der sozialistischen Gesellschaft? Javljajutsja li protivorečich dvižuščej siloj socialističeskogo obščestva [dt.] 13 S.
Aus: Voprosy filosofija. 1958/1.
[Betr.: UdSSR.] ÜR 1147

Valla,M.: Der "demokratische Sozialismus" und der Klassenkampf. "Demokratický socialismus" a třídní boj [dt.] 13 S.
Aus: Rudé právo. Nr 64, v.5.3.1958. ÜT 540

3.Rechtswissenschaft (Aufgaben und Methoden)

Wasilkowska,Z.: Die Aufgaben der Kodifikationskommission. Zadania komisji kodyfikscyjnej [dt.] 13 S.
Aus: Państwo i prawo. 1957/1.
[Betr.: Polen.] ÜP 650

1) Die hier angezeigte Literatur ist gemäß der Benutzungsordnung der Bibliothek des Deutschen Instituts Für Rechtswissenschaft für die Mitglieder des Deutschen Instituts für Rechtswissenschaft, Ministerien und zentrale Institutionen der Deutschen Demokratischen Republik und nach der Leihverkehrsordnung der Bibliotheken ausleihfähig.-Verzeichnis 1 - 4 erschien hektographiert, Verzeichnis 5 - 14 ist enthalten im Mitteilungsblatt des Deutschen Instituts für Rechtswissenschaft 1953, Nr.1 - 1955, Nr 3

4.Staats- und Rechtstheorie

Bednarski,S.: Bericht über die Diskussion zum Begriff der Funktion des Staates. Sprawozdanie z dyskusji o pojeciu funkcji państwa [dt.] 18 S.
Aus: Państwo i prawo.1957/12. ÜP 667

Foustka,R.N.: Der Staat - seine Entstehung, sein Wesen und seine Entwicklung. Stát - jeho vznik, podstata a vývoj [dt.] Vorwort. Kap. 1-11. 523 S.
Orig.ersch. Bratislava: Slov.vydavat.polit.lit.1955. ÜS 122

Golland,J.: Die heutige Politik der Labour-Partei. Politika Lejboristskoj partii segednja [dt.] 29 S.
Aus: Kommunist. 1958/2. ÜR 1145

Janev,J.: Über die kulturell-erzieherische Tätigkeit des volksdemokratischen Staates. Za kulturno-vuz pitatelnata dejnost na narodnodemokratičnata duržava [dt.] 23 S.
Aus: Socialističesko pravo.1957/8.
[Betr.: Bulgarien.] ÜB 184

Szabó,I.: Nationales Recht und sozialistische Rechtsentwicklung. Nemzeti jog és szocialista jogfejlödés [dt.] 27 S.
Aus: Nachrichten der Rechtswissenschaft.1957/1-3.
[Betr.: Ungarn.] ÜUn 222

5.Geschichte der Staats-und Rechtstheorie

Veverka, V.: Eine neue polnische Studie aus der Geschichte der politischen Ideologien. Nová polská studie z dějin politických ideologí [dt.] < Rezension über L.Seidler, "Die Rechtsdoktrinen des Imperialismus", Warschau 1957.> 17 S.
Aus: Právník. 1958/1 ÜT 536

6.Staats- und Rechtsgeschichte

Denisov,A.I.: Geschichte des Sowjetstaates und Rechts. Istorija sovetskogo gosudarstva i prava. [dt.] [Auszüge.] § 3,1. Der Kampf für die Stabilisierung d. Sowjetmacht. 1951. 25 Bl. § 15, 1.Abschn. 3,S.214-218. Der Leninsche Genossenschaftsplan u.die organisatorisch-rechtl.Formen d.Kollektivwirtschaften. 1952. 16 Bl.
§ 17,2. Die Gründung der Staatsanwaltschaft. 1952. 21 Bl.
§ 17,3. Die Bildung der Anwaltschaft. 1952. 2 S.
§ 19,1. Abschn.4,1, S.269-276. Sozialistische Industrialisierung des Landes. 1951. 10 Bl. ÜR 1109

7.Völkerrecht und Außenpolitik

Romaškin,P.S.: Die Kriegsverbrechen des Imperialismus. Voennye prestuplenija imperializma [dt.] Einleitung Kap.1-11. getr.Pag.
Orig.ersch. Moskau: Staatsverl.f.jurist.Lit. 1953. ÜR 1152

8.Staatsrecht

Keine Eingänge

9.Gerichtsverfassung(einschließlich Staatsanwaltschaft, Justizverwaltung,Notariat und Anwaltschaft)

Zur Ausarbeitung der Verordnung über die Justitiare in den Unionsrepubliken. K razrabotke položenija ob juriskonsul'tach v sojuznych respublikach [dt.] 5 S.
Aus: Socialističeskaja zakonnost'. 1958/3.
[Betr.: UdSSR.] ÜR 1158

Perlov,I.: Über die Organisierung und den Aufbau des Gerichtssystems der Russischen Föderation. Ob organizacii i ustrojstve sudebnoj sistemy Rossijskij Federacii [dt.] 15 S.
Aus: Sovetskaja justicija. 1957/2. ÜR 1085

Šikov,A.: Wichtige Aufgaben in der Arbeit der obersten Gerichte der autonomen Republiken. Važnye zadači v rabote verchovnych sudov avtonomnych respublik [dt.] 15 S.
Aus: Sovetskaja justicija. 1957/4. ÜR 1077

Turin,V.: Von den Rechtsanwaltskollegien bis zur Rechtsanwaltschaft. Ot kollegij pravozastupnikov do advokatury [dt.] 10 S.
Aus: Sovetskaja justicija. 1957/9.
[Betr.: UdSSR.] ÜR 1162

Wiśniewski,A.: Zur Frage der sog.rechtschöpferischen Rolle der Rechtsprechung des Obersten Gerichts. W sprawie tzw. prawotwórczej roli orzecnictwa Sadu Najwyzszego [dt.] 18 S.
Aus: Państwo i prawo. 1957/11.
[Betr.: Polen.] ÜP 669

10.Verwaltungsrecht und Allgemeine Aufsicht des Staatsanwalts

Frolov,E.: Einige Fragen der Vollendung der Reorganisation der Leitung der Industrie. Nekotorye voprosy zaversenija perestrojki upravlenija promyšlennost'ju [dt.] 39 S.
Aus: Kommunist. 1958/2.
[Betr.: UdSSR.] ÜR 1151

Lakatoš,M.: Zur Frage der juristischen Garantien der Gesetzlichkeit der Normativakte. K otázce právních záruk zákonnosti normativních aktu [dt.] 21 S.
Aus: Právník. 1958/2. ÜT 53?

11.Finanzrecht

Michajlov, L.: Zum Charakter der Verantwortlichkeit nach Artikel 9 des Erlasses über die Finanzkontrolle. Kum vuprosa za charaktera na otgovornostta po čl. 9 ot UFK [dt.] 13 S.
Aus: Socialističesko pravo. 1957/3.
[Betr.: Bulgarien.] ÜB 186

12.Strafrecht, Strafprozeß

Dimitrov,M.: Die Erklärungen des Beschuldigten als Beweis in unserem Strafprozeß. Objasnenijata na obvinjaemija kato dokazatelstvo v nakazatelnija proces u nas. [dt.] 10 S.
Aus: Socialističesko pravo.1957/8.
[Betr.: Bulgarien.] ÜB 188

Gercenzon,A.A.: Der Begriff des Verbrechens im sowjetischen Strafrecht. Ponjatie prestuplenija v sovetskom ugolovnom prave [dt.] 72 S.
Orig.ersch. Moskau: Staatsverl.f.jurist.Lit. 1955. ÜR 1155

Gol'diner,V.: Zur Frage der prozessualen Stellung des Rechtsanwalts. K voprosu o processual'nom položenii advokata [dt.] 9 S.
Aus: Sovetskaja justicija. 1957/7.
[Betr.: UdSSR.] ÜR 1073

Kovalev,M.;A.Šagalov: Die Mängel in der Anwendung der Besserungsarbeit müssen beseitigt werden. Ustranit' nedostatki v primenenii ispravitel'no-trudovych rabot [dt.] 9 S.
Aus: Sovetskaja justicija. 1957/5.
[Betr.: UdSSR.] ÜR 1149

Kozin,S.: Der Kampf gegen die Aufsichtslosigkeit und die Kriminalität der Jugendlichen. Bor'ba s beznadzornost'-ju i prestupnost'ju nesoveršennoletnich [dt.] 3 S.
Aus: Socialističeskaja zakonnost', 1957/6.
[Betr.: UdSSR.] ÜR 1133

Kurinov,B.A.: Die strafrechtliche Verantwortlichkeir für die Entwendung staatlichen und gesellschaftlichen Vermögens. Ugolovnaja otvetstvennost'za chiščenie gosudarstvennogo imuščestva [dt.] 177,4,10 S.
Orig.ersch. Moskau: Staatl.Verl.f.jurist.Lit. 1954. ÜR 1153

Lernell,L.: Der Betrug zum Schaden der Verbraucher und die Plünderung gesellschaftlichen Eigentums. Oszustwo na szkode konsumentów a zagarniecie mienia spolecznegó [dt.] < Mehrere diskutierbare Fragen der jurist.Qualifikation >. 27 S.
Aus: Nowe prawo. 1958/2.
[Betr.: Polen.] ÜP 665

Markov,I.: Zur Gesellschaftsgefährlichkeit des verbrecherischen Delikts. Kum vuprosa za obščestvenata opasnost na prestupnoto dejanie [dt.] 14 S.
Aus: Socialističesko pravo. 1957/5.
[Betr.: Bulgarien.] ÜB 182

Schirwindt,E.G.;B.S.Utevskij: Das sowjetische Besserungsarbeitsrecht. Sovetskoe ispravitel'notrudovoe pravo [dt.] Einführung. I.Allgem.Teil. II.Bes.Teil. Kap.1-15.
Orig.ersch. Moskau: Staatl.Verl.f.jurist.Lit. 1957. Einleitung.15 gez. Bl. I.Allgem.Teil. Kap.1-7. 220 Bl. II.Besonderer Teil. Kap.8-15. 185 Bl. ÜR 1154

Strogovič,M.S.: Der Internationale Strafrechtskongress. Meždunarodnyj kongress po ugolovnomu pravu [dt.] 6 S.
Aus: Vestnik akademii nauk SSSR. 1958/1. ÜR 1164

Szwedek,E.: Die Strafbestimmung, ein Instrument der Wirtschaftspolitik. Przepis karny instrumentem polityki gospodarczej [dt.] 22 S.
Aus: Nowe prawo. 1958/12. ÜP 671

Žudro,K.: Über den Kampf gegen die Verbrechen der Minderjährigen. O bor'be s prestuplenijami nesoveršennoletnich [dt.] 4 S.
Aus: Socialističeskaja zakonnost'. 1957/5. ÜR 1137
[Betr.: UdSSR.]

Zykov,I.;I.Averkiev;M.Ivanov: Der Kampf gegen die Kriminalität muß verstärkt werden. Za usilenie bor'by s prestupnost'ju [dt.] 10 S.
Aus: Socialističeskaja zakonnost'. 1957/5. ÜR 1139

13.Kriminalistik,Gerichtliche Medizin, Gerichtspsychiatrie-,psychologie

Keine Eingänge

14.Zivilrecht

Antimonov,B.;K.Grave: Zur Ausarbeitung der Grundlagen der Zivilgesetzgebung der UdSSR. < Fragen d.Erbrechts.> K razrabotke osnov graždanskogo zakonodatel'stva SSSR. < Voprosy nasledešvennogo pravo >. [dt.] 10 S.
Aus: Sovetskaja justicija. 1957/5. ÜR 1064

Bratus',S.: Vorwort zur russischen Ausgabe des Buches "Das Eigentum in den Ländern der Volksdemokratie" von Viktor Knapp. Sobstvennost'v stranach narodnoj demokratii [dt.] 25 S.
Orig.ersch.: Verl.f.ausländ.Lit.Moskau 1954. ÜR 1143

Luby,Š.: Der Regressanspruch und das Prinzip der Moderation. Regresný nárok a princip moderácie [dt.] 56 S.
Aus: Právnické štúdie. 1957/4. ÜT 542

Luby,Š.: Das System und die Grundthesen der zivilrechtlichen Verantwortlichkeit. Systém a základné tézy občianskoprávnej zodpovednosti [dt.] 68 S.
Aus: Právnické štúdie. 1957/2.
[Betr.: Slowakei.] ÜS 118

Smirnov,V.T.: Die Voraussetzungen für die Verantwortlichkeit des Betriebes bei Verursachung einer Körperverletzung oder Tötung. 96 S.
Aus: Smirnov: Graždanskaja otvetstvennost' gosudarstvennych predprijatij za pričinenie uveč'ja ili smerti rabotnikam. Kap.II.Moskva: Gos.izd.jur.lit.1957.
[Betr.: UdSSR.] ÜR 1104

Szer,S.: Fragen des genossenschaftlichen Eigentums. Z zagadnień własności spółdzielczej [dt.] 33 S.
Aus: Państwo i prawo. 1957/12.
[Betr.: Polen.] ÜP 661

15.Urheber- und Erfinderrecht

Rajgorodskij,N.: Schwerwiegende Fehler in der Auswertung der Gerichtspraxis in Verfahren, die das Erfinderrecht betreffen. Ser'eznye ošibki v obobščenii sudebnoj praktiki po delam ob izobretatel'stve [dt.] 17 S.
Aus: Socialističeskaja zakonnost'. 1958/1.
[Betr.: UdSSR.] ÜR 1135

16.Vertragssystem,Vertragsgerichtliches Verfahren

Nikolov,A.: Zur Änderung der Struktur der staatlichen Arbitrage in der Volksrepublik Bulgarien. Vuprosi na izmenenieto v ustrojstvoto na duržavnija arbitraž u nas. [dt.] 19 S.
Aus: Socialističesko pravo. 1957/9.
[Betr.: Bulgarien.] ÜB 192

17.LPG- Recht,Bodenrecht

Glotov,I.: Die Reorganisation der MTS und das kollektivwirtschaftliche Eigentum. Reorganizacija MTS i kolchoznaja sobstvennost'[dt.] 36 S.
Aus: Kommunist, 1958/5.
[Betr.: UdSSR.] ÜR 1166

Musterstatut der landwirtschaftlichen Produktionsgenossenschaft. Primeren ustav na trudovo kooperativno zemeldelsko stopanstvo [dt.] 37 S.
Orig.ersch.: Verl."Zemizdat", 1958.
[Betr.: Bulgarien.] ÜB 190

Zétényi,J.: Zeitgemässe Fragen der Rechtsprechung im produktionsgenossenschaftlichen Recht. A termelöszövetkezeti jog idöszerü ítélkezési kérdései [dt.] 14 S.
Aus: Magyar jog. Jg 4, 1957/Nr3.
[Betr.: Ungarn.] ÜUn 224

18.Familienrecht

Gorodeckaja,I.: Neue Akte im Familienrecht Indiens. Novye akty v semejnom prave Indii [dt.] 7 S.
Aus: Socialističeskaja zakonnost'. 1958/2. ÜR 1141

Pergament,A.: Zum Entwurf des Ehe- und Familiengesetzbuches der RSFSR. K proektu kodeksa zakonov RSFSR o brake i sem'e [dt.] 12 S.
Aus: Sovetskaja justicija. 1957/4. ÜR 1070

19.Zivilprozeß(einschließlich Familienrechtliches Verfahren)

Keine Eingänge

20.Arbeitsrecht(einschließlich Verfahren)

Kopaev,V.: Die Kündigung von Arbeitern und Angestellten wegen Untauglichkeit. Uvol'nenie rabočich i služaščich vvidu nepricodnosti [dt.] 3 S.
Aus: Sovetskaja justicija. 1958/1.
[Betr.: UdSSR.] ÜR 1160

Szubert, W.: Die Prinzipien des Arbeitsrechts. Zasady prawa pracy [dt.] 39 S.
Aus: Państwo i prawo. 1957/7-8.
[Betr.: Polen.] ÜP 663

21.Internationales Privatrecht

Keine Eingänge

22.Sonstiges

Szachulowicz,J.: Das internationale Richtertreffen in Perugia. Miedzynarodowy zjad sedziów w Perugii [dt.] 3 S.
Aus: Nowe prawo. 1957/12. ÜP 646

ALPHABETISCHES SACHGRUPPENVERZEICHNIS

Zur Frage des Charakters der französischen Kriege in bezug auf die Entwicklung in Deutschland in den Jahren 1792–1815

Protokoll der Arbeitstagung des Instituts für Geschichte an der Deutschen Akademie der Wissenschaften zu Berlin vom 18. November 1956

(Schriften des Instituts für Geschichte an der Deutschen Akademie der Wissenschaften zu Berlin, Reihe III: Vorträge und Tagungen des Instituts für Geschichte, Band 2)

1958. V, 94 Seiten — gr. 8° — DM 3,70

Das Problem der französischen Kriege in der Zeit zwischen 1792 und 1815 ist unter den marxistischen Historikern verschiedener Länder seit langem ein Gegenstand lebhafter Auseinandersetzungen. In den Diskussionen der deutschen marxistischen Historiker spitzte sich dieses Problem auf die Frage zu, wann die gerechten Verteidigungskriege, die Frankreich gegen die feudale Koalition führte, in ungerechte Eroberungskriege umschlugen. Das Institut für Geschichte an der Deutschen Akademie der Wissenschaften zu Berlin beschäftigte sich mit diesem Thema auf einer Arbeitstagung, deren Verlauf in dem vorliegenden Protokollband festgehalten ist. Die Tagung gewinnt ein besonderes Interesse durch die aktive Mitarbeit polnischer Historiker, darunter *Prof. Dr. Stefan Kieniewicz* und *Prof. Dr. Boguslaw Leśnodorski*, an der Lösung dieser Frage. Die Aussprache hat gewiß noch nicht die Auseinandersetzungen zu einem endgültigen Abschluß bringen können, aber sie hat die ganze Kompliziertheit der Frage deutlich gemacht. Der Hauptgegensatz in den Auffassungen wird von *Dr. Heinrich Scheel* und *Dr. Heinz Heizer* zunächst in Thesen dargelegt und in ausführlichen Referaten erläutert. Zahlreiche Diskussionsbeiträge, darunter solche von *Prof. Dr. Alfred Meusel*, *Prof. Dr. Gerhard Schilfert* und *Prof. Dr. Ernst Engelberg* nehmen dazu Stellung. Auf diese Weise erhält der Leser einen gründlichen Überblick über die widerstreitenden Auffassungen, und die Wissenschaft gewinnt hiermit eine wesentliche Voraussetzung zur endgültigen Lösung des Problems.

Bestellungen durch eine Buchhandlung erbeten

A K A D E M I E - V E R L A G · B E R L I N

FSC
www.fsc.org
MIX
Papier | Fördert
gute Waldnutzung
FSC® C083411

Kolibri 360 GmbH
Ferdinand-Jühlke-Straße 7
99095 Erfurt, Deutschland
produktsicherheit@kolibri360.de